Gastronomisches Wörterbuch

zur Übersetzung und Erklärung der Speisekarten
in fünf Sprachen

Elisabeth Neiger

12. erweiterte Auflage

PFANNEBERG

Best.-Nr. 04429

Autorin:
Elisabeth Neiger, 39100 Bozen (Italien)

12. Auflage 2000

Druck 5 4 3 2 1

Alle Drucke derselben Auflage sind parallel einsetzbar, da sie bis auf die Behebung von Druckfehlern untereinander unverändert sind.

ISBN 3-8057-0462-3

http://www.fachbuchverlag-pfanneberg.de
Satz und Druck: Media-Print Informationstechnologie GmbH, Paderborn

Vorwort zur 12. Auflage

Die große Nachfrage nach diesem Titel, der bereits in zehn Auflagen erschien, führte zu der hier vorliegenden, überarbeiteten Ausgabe mit neuen Stichwörtern. Das praktische Taschenbuchformat wurde beibehalten.

Das Buch ist eine echte Hilfe bei der Zusammenstellung jeder Speisekarte und bringt zudem eine Auswahl der empfehlenswerten Gerichte in Erinnerung; nur tatsächlich selten vorkommende Gerichte wurden nicht aufgenommen. Zum anderen ist es im Zeichen der immer internationaler werdenden Touristik ein handlicher und zuverlässiger Helfer für das Bedienungspersonal, der Sprachschwierigkeiten im Verkehr mit dem Gast meistert. Schließlich wird das Wörterbuch in zunehmendem Maße von Lehrern an den Fachschulen als Unterrichtshilfe hinzugezogen.

Der Verlag ist für jeden Verbesserungsvorschlag auch weiterhin dankbar.

Der Verlag, Januar 2000

Abkürzungen:

m = männlich	m. = mit	Am. = Amerikanismus
f = weiblich	s. = siehe	Vd. = usted
n = sächlich	w. = with	Falls in der französischen Sprache das Wort **Sauce** abgekürzt werden
pl = Mehrzahl	& = and	muss, ist folgende Schreibweise zu empfehlen: **S.ce** (nicht Sc).

INHALTSVERZEICHNIS

Saucen

Saucen deutsch	**Sauces** französisch	**Sauces** englisch	**Salse** italienisch	**Salsas** spanisch
Aïoli-Sauce (Knoblauch-Mayonnaise)	Sauce aïoli[1] (mayonnaise au coulis d'ail)	Aïoli sauce (garlic mayonnaise)	Salsa aioli (maionese all'aglio)	Salsa alioli (mayonesa al ajo)
Amerikanische Sauce	~ américaine	American sauce	~ americana	~ americana
Apfelmus	~ aux pommes	Apple sauce	~ di mele	~ de manzanas
Austernsauce	~ aux huîtres	Oyster sauce	~ di ostriche	~ de ostras
Bärlauchsauce	~ à l'ail sauvage	Wild garlic sauce	~ all'aglio orsino	~ de ajo de oso
Béarner Sauce (Holländische Sauce mit Estragon)	~ béarnaise (sauce hollandaise à l'estragon)	Béarnaise sauce (hollandaise sauce with tarragon)	~ bearnese (salsa olandese al dragoncello)	~ bearnesa (salsa holandesa con estragón)
Béchamelsauce	~ béchamel	Béchamel sauce[2]	~ besciamella	~ bechamel, ~ besamela
Bercy-Sauce (Schalottensauce)	~ Bercy (à l'échalote)	Bercy sauce	~ Bercy	~ Bercy
Biersauce	~ à la bière	Beer sauce	~ alla birra	~ de cerveza
Bigarade-Sauce (Orangensauce)	~ bigarade (sauce à l'orange)	Bigarade sauce (orange sauce)	~ all'arancia	~ de naranja
Bordelaiser Sauce (Weinsauce mit Rindermark)	~ bordelaise (sauce au vin avec moelle de bœuf)	Bordelaise sauce (wine sauce with beef marrow)	~ bordolese (salsa di vino con midollo di bue)	~ bordelesa (salsa de vino con tuétano)
Braune Sauce	~ brune, ~ espagnole	Brown sauce	~ bruna	~ española
Brotsauce	~ au pain	Bread sauce	~ di pane	~ de pan
Burgunder Sauce (Rotweinsauce)	~ bourguignonne (sauce au vin rouge)	Burgundy sauce (red wine sauce)	~ alla borgognona (salsa di vino rosso)	~ borgoñona (salsa de vino tinto)
Buttersauce	~ au beurre	Butter sauce	~ al burro	~ de mantequilla
Champagnersauce	~ au champagne	Champagne sauce	~ allo champagne	~ de champán
Champignonsauce	~ aux champignons	Mushroom sauce	~ di funghi	~ de champiñones
Chantilly-Sauce	~ chantilly	Chantilly sauce	~ chantilly	~ chantilly
Chilisauce	~ au piment rouge	Chilli sauce	~ al peperoncino	~ de chile

1) ou sauce ailloli - 2) also white sauce

Saucen deutsch	**Sauces** französisch	**Sauces** englisch	**Salse** italienisch	**Salsas** spanisch
Choron-Sauce (Béarner Sauce mit Tomatenmark)	Sauce Choron (sauce béarnaise tomatée)	Choron sauce (béarnaise sauce with tomato purée)	Salsa Choron (salsa bearnese al pomodoro)	Salsa Choron (salsa bearnesa con tomate)
Cumberlandsauce (Johannisbeergelee, Senf, Orangensaft, Portwein)	~ Cumberland (gelée de groseilles, jus d'orange, moutarde, porto)	Cumberland sauce (redcurrant jelly, orange juice, mustard and port)	~ Cumberland (gelatina di ribes, senape, succo d'arancia, porto)	~ Cumberland (jalea de grosellas, mostaza, zumo de naranja, oporto)
Currysauce	~ au curry	Curry sauce	~ al curry	~ al curry
Dillsauce	~ à l'aneth	Dill sauce	~ all'aneto	~ de eneldo
Eiersauce	~ aux œufs	Egg sauce	~ d'uovo	~ de huevos
Enziansauce	~ à la gentiane	Gentian sauce	~ alla genziana	~ de genciana
Erdnusssauce	~ aux cacahuètes	Peanut sauce	~ di arachidi	~ de cacahuetes
Estragonsauce	~ à l'estragon	Tarragon sauce	~ al dragoncello	~ de estragón
Fenchelsauce	~ au fenouil	Fennel sauce	~ al finocchio	~ de hinojo
Finanzmannsauce (Madeirasauce mit Trüffelfond)	~ financière (sauce madère à l'essence de truffes)	Sauce financière (Madeira sauce flavoured with truffle)	~ alla finanziera (salsa al madera con essenza di tartufi)	~ financiera (salsa madera aromatizada con trufas)
Fischsauce	~ de poisson	Fish sauce	~ di pesce	~ de pescado
Garnelensauce	~ aux crevettes	Shrimp sauce	~ di gamberetti	~ de gambas
Genfer Sauce	~ genevoise	Genevoise sauce	~ alla ginevrina	~ ginebrina
Granatapfelsauce	~ à la grenade	Pomegranate sauce	~ di melagrana	~ de granada
Grand veneur-Sauce s. Wildsauce				
Gribiche-Sauce (Tatarensauce mit Kapern)	~ gribiche (sauce tartare aux câpres)	Gribiche sauce (tartare sauce with capers)	~ gribiche (salsa tartara con capperi)	~ gribiche (salsa tártara con alcaparras)
Grüne Mayonnaise	Mayonnaise verte	Green mayonnaise	Maionese verde	Mayonesa verde
Grüne Sauce	Sauce verte	Green sauce	Salsa verde	Salsa verde
Gurkensauce	~ aux concombres	Cucumber sauce	~ al cetriolo	~ de pepino

Saucen deutsch	**Sauces** französisch	**Sauces** englisch	**Salse** italienisch	**Salsas** spanisch
Holländische Sauce	Sauce hollandaise	Hollandaise sauce	Salsa olandese	Salsa holandesa
Holundersauce	~ au sureau	Elderberry sauce	~ al sambuco	~ de saúco
Hummersauce	~ homard	Lobster sauce	~ d'astice	~ de langosta
Ingwersauce	~ au gingembre	Ginger sauce	~ allo zenzero	~ de jengibre
Jägersauce	~ chasseur	Sauce chasseur	~ alla cacciatora	~ a la cazadora
Joghurtsauce	~ au yaourt	Yoghurt sauce	~ allo yogurt	~ de yogur
Johannisbeersauce	~ aux groseilles rouges	Redcurrant sauce	~ di ribes	~ de grosellas
Joinville-Sauce (Garnelensauce)	~ Joinville (sauce aux crevettes)	Joinville sauce (shrimp sauce)	~ Joinville (salsa di gamberetti)	~ Joinville (salsa de camarones)
Kapernsauce	~ aux câpres	Caper sauce	~ di capperi	~ de alcaparras
Kaviarsauce	~ au caviar	Caviar sauce	~ al caviale	~ de caviar
Kardinalsauce (Béchamel u. Hummerbutter)	~ cardinal (béchamel et beurre de homard)	Cardinal sauce (béchamel & lobster butter)	~ cardinale (besciamella e burro d'astice)	~ cardenal (bechamel y manteca de langosta)
Käsesauce	~ Mornay	Cheese sauce	~ Mornay	~ Mornay
Knoblauchmayonnaise	~ aïoli	Garlic mayonnaise	Maionese all'aglio	Mayonesa al ajo
Knoblauchsauce	~ à l'ail	Garlic sauce	Salsa all'aglio	Salsa de ajo
Kokossauce	~ à la noix de coco	Coconut sauce	~ al cocco	~ de coco
Koriandersauce	~ à la coriandre	Coriander sauce	~ al coriandolo	~ de cilantro
Kräutersauce	~ aux herbes	Herb sauce	~ alle erbe	~ de hierbas
Krebssauce	~ aux écrevisses	Crayfish sauce	~ di gamberi	~ de cangrejos
Kreolensauce	~ créole	Creole sauce	~ creola	~ criolla
Kressesauce	~ au cresson	Watercress sauce	~ al crescione	~ de berros
Krustentiersauce	~ aux crustacés	Shellfish sauce	~ di crostacei	~ de crustacéos
Lauchsauce	~ aux poireaux	Leek sauce	~ di porri	~ de puerros
Limettensauce	~ au citron vert	Lime sauce	~ alla limetta	~ de lima
Lyoner Sauce (Zwiebelsauce)	~ lyonnaise (sauce à l'oignon)	Lyonnaise sauce (onion sauce)	~ lionese (salsa di cipolle)	~ lionesa (salsa de cebollas)
Madeirasauce	~ madère	Madeira sauce	~ al madera	~ Madera

Saucen deutsch	**Sauces** französisch	**Sauces** englisch	**Salse** italienisch	**Salsas** spanisch
Malteser Sauce (Hollandaise mit Orangensaft)	Sauce maltaise (sauce hollandaise à l'orange)	Maltese sauce (hollandaise with orange juice)	Salsa maltese (salsa olandese all'arancia)	Salsa maltesa (salsa holandesa a la naranja)
Marksauce	~ moelle	Marrow sauce	~ al midollo	~ de tuétano
Matrosensauce	~ marinière	Matelote sauce	~ alla marinara	~ marinera
Mayonnaise	~ mayonnaise	Mayonnaise	~ maionese	~ mayonesa, ~ mahonesa
Meerrettichsauce	~ au raifort	Horseradish sauce	~ di rafano	~ de rábano picante
Minzsauce	~ menthe	Mint sauce	~ di menta	~ de menta
Morchelsauce	~ aux morilles	Morel sauce	~ di spugnole	~ de colmenillas
Mornaysauce (Béchamel mit Käse)	~ Mornay (béchamel au fromage)	Mornay sauce, cheese sauce	~ Mornay (besciamella al formaggio)	~ Mornay (bechamel con queso)
Mousseline-Sauce (Hollandaise mit Sahne)	~ mousseline	Mousseline sauce	~ mousseline	~ muselina
Nantua-Sauce (Béchamel mit Krebsbutter)	~ Nantua (béchamel et beurre d'écrevisses)	Nantua sauce (béchamel with crayfish butter)	~ Nantua (besciamella e burro di gamberi)	~ Nantua (bechamel y manteca de cangrejos)
Normannische Sauce	~ normande	Sauce normande	~ normanna	~ normanda
Orangensauce	~ à l'orange	Orange sauce	~ all'arancia	~ de naranja
Paprikasauce	~ aux poivrons	Sweet pepper sauce	~ di peperoni	~ de pimientos
Pesto-Sauce (Basilikumpaste in Olivenöl)	~ au pistou (basilic et ail pilés à l'huile d'olive)	Pesto sauce (basil and garlic pounded in olive oil)	~ al pesto (pesto di basilico e aglio intriso d'olio)	~ de pesto (pasta de albahaca y ajo en aceite de oliva)
Petersiliensauce	~ persil	Parsley sauce	~ al prezzemolo	~ de perejil
Pfeffersauce	~ poivrade	Pepper sauce	~ al pepe	~ de pimienta
Pfifferlingsauce	~ aux girolles	Chanterelle sauce	~ di finferli	~ de rebozuelos
Pikante Sauce	~ piquante	Piquant sauce	~ piccante	~ picante
Pilzsauce	~ aux champignons	Mushroom sauce	~ di funghi	~ de setas
Pinienkernsauce	~ aux pignons	Pine nut sauce	~ di pinoli	~ de piñones
Portugiesische Sauce	~ portugaise	Portuguese sauce	~ portoghese	~ portuguesa

Saucen deutsch	**Sauces** französisch	**Sauces** englisch	**Salse** italienisch	**Salsas** spanisch
Portweinsauce	Sauce au porto	Port wine sauce	Salsa al porto	Salsa de vino de Oporto
Preiselbeersauce	~ aux airelles	Cranberry sauce	~ di mirtilli rossi	~ de arándanos
Provenzalische Sauce	~ provençal	Provençal sauce	~ provenzale	~ provenzal
Radicchiosauce	~ à la trévise	Radicchio sauce	~ di radicchio	~ de achicoria
Rahmsauce	~ crème	Cream sauce	~ alla panna, ~ alla crema	~ de crema
Raukepesto	Pistou de roquette	Rocket pesto	Pesto di rucola	~ de oruga
Ravigote-Sauce (Vinaigrette mit Kapern und feinen Kräutern)	Sauce ravigote (vinaigrette avec câpres et fines herbes)	Ravigote sauce (vinaigrette with capers and fine herbs)	Salsa ravigote (vinaigrette con capperi e un trito di erbe)	~ ravigote (vinagreta con alcaparras y finas hierbas)
Remouladensauce (Mayonnaise mit Senf)	~ rémoulade (mayonnaise à la moutarde)	Rémoulade (mayonnaise with mustard)	~ rémoulade (maionese con senape)	~ remolada (mayonesa con mostaza)
Roquefortsauce	~ au roquefort	Roquefort sauce	~ al roquefort	~ de roquefort
Rosmarinsauce	~ au romarin	Rosemary sauce	~ di rosmarino	~ de romero
Rote-Bete-Sauce	~ de betterave	Beetroot sauce	~ di barbabietole	~ de remolacha
Rotweinsauce	~ vin rouge	Red wine sauce	~ di vino rosso	~ de vino tinto
Safransauce	~ au safran	Saffron sauce	~ allo zafferano	~ de azafrán
Sahnesauce	~ crème	Cream sauce	~ alla panna, ~ alla crema	~ de crema
Salbeisauce	~ à la sauge	Sage sauce	~ alla salvia	~ de salvia
Sardellensauce	~ aux anchois	Anchovy sauce	~ d'acciughe	~ de anchoas
Sauce Hollandaise	~ hollandaise	Hollandaise sauce	~ olandese	~ holandesa
Sauerampfersauce	~ à l'oseille	Sorrel sauce	~ di acetosella	~ de acederas
Saure Rahmsauce	~ smitane (à la crème aigre)	Sour cream sauce	~ di panna acida	~ de crema agria
Schalottensauce	~ Bercy (à l'échalote)	Shallot sauce	~ allo scalogno	~ de chalote
Schildkrötensauce	~ tortue	Turtle sauce	~ tartaruga	~ tortuga
Schnittlauchsauce	~ ciboulette	Chive sauce	~ all'erba cipollina	~ de cebollino
Senfsauce	~ moutarde	Mustard sauce	~ di senape	~ de mostaza
Sesamsauce	~ au sésame	Sesame sauce	~ di sesamo	~ de sésamo

Saucen deutsch	**Sauces** französisch	**Sauces** englisch	**Salse** italienisch	**Salsas** spanisch
Sherrysauce	Sauce au xérès	Sherry sauce	Salsa allo sherry	Salsa de jerez
Smitane s. Saure Rahmsauce				
Sojasauce	~ soja	Soya sauce, soy sauce	~ di soia	~ de soja
Soubise-Sauce (Zwiebelpüree mit Béchamel)	~ Soubise (coulis d'oignons)	Soubise sauce (onion purée with béchamel)	~ Soubise (purè di cipolle con besciamella)	~ Soubise (bechamel con puré de cebollas)
Stachelbeersauce	~ aux groseilles à maquereau	Gooseberry sauce	~ di uva spina	~ de uva espina
Steinpilzsauce	~ aux cèpes	Mushroom sauce	~ di funghi porcini	~ de setas
Suprême-Sauce (Geflügel-Rahmsauce)	~ suprême (velouté de volaille à la crème)	Sauce suprême (chicken-stock with cream)	~ suprême (vellutata di pollo con panna)	~ suprema (salsa de ave con crema)
Süßsaure Sauce	~ aigre-douce	Sweet-and-sour sauce	~ agrodolce	~ agridulce
Tatarensauce (Mayonnaise aus hart gekochtem Eigelb)	~ tartare (mayonnaise aux jaunes d'œufs durs)	Tartare sauce (mayonnaise of hard-boiled eggs)	~ tartara (maionese di uova sode)	~ tártara (mayonesa de yemas de huevos duros)
Teufelssauce	~ diable	Deviled sauce	~ alla diavola	~ a la diabla
Thymiansauce	~ au thym	Thyme sauce	~ al timo	~ de tomillo
Tiroler Sauce	~ tyrolienne	Tyrolean sauce	~ tirolese	~ tirolesa
Tomatensauce	~ tomate	Tomato sauce	~ di pomodoro	~ de tomate
~ (rohe)	~ tomate crue	Raw tomato sauce	~ di pomodori crudi	~ de tomates crudos
Tortue s. Schildkrötensauce				
Trüffelsauce	~ Périgueux (aux truffes)	Truffle sauce	~ al tartufo	~ de trufas
Venezianische Sauce (Weißweinsauce mit Kräuterpüree)	~ vénitienne (sauce vin blanc avec purée d'herbes)	Venetian sauce (white wine sauce with purée of herbs)	~ veneziana (salsa di vino bianco con passato di erbe)	~ veneciana (salsa de vino blanco con puré de hierbas)
Vinaigrette	~ vinaigrette	Vinaigrette[1)]	~ vinaigrette	~ vinagreta

1) also vinaigrette dressing and vinaigrette sauce

Saucen deutsch	**Sauces** französisch	**Sauces** englisch	**Salse** italienisch	**Salsas** spanisch
Wacholdersauce	Sauce au genièvre	Juniper berry sauce	Salsa al ginepro	Salsa de enebro
Walnusssauce	~ aux noix	Walnut sauce, nut sauce	~ di noci	~ de nueces
Weiße Sauce	~ blanche	White sauce	~ bianca	~ blanca
Weißweinsauce	~ au vin blanc	White wine sauce	~ di vino bianco	~ de vino blanco
Wildsauce	~ venaison[1)]	Venison sauce	~ di cacciagione	~ de venado
Zigeunersauce (Tomatensauce mit Paprika, Champignons, Zunge und Schinken)	~ zingara (sauce tomatée au paprika avec julienne de jambon, langue, champignons)	Zingara sauce (tomatoed sauce with strips of ham, ox-tongue, mushrooms)	~ alla zingara (salsa al pomodoro con paprica, prosciutto, lingua e funghi)	~ gitana (salsa española con tiritas de jamón, lengua, champiñones)
Zitronengrassauce	~ à la citronnelle	Lemongrass sauce	~ di citronella	~ de citronela
Zitronensauce	~ au citron	Lemon sauce	~ al limone	~ de limón
Zwiebelsauce	~ à l'oignon	Onion sauce	~ di cipolle	~ de cebolla

1) appelée aussi sauce grand veneur

Butter

Buttermischungen deutsch	Beurres composés französisch	Butters englisch	Burri composti italienisch	Mantecas aromatizadas spanisch
Bärlauchbutter	Beurre d'ail sauvage	Wild garlic butter	Burro all'aglio orsino	Mantequilla de ajo de oso
Braune Butter	~ noisette	Brown butter	~ nocciola	~ negra
Dillbutter	~ à l'aneth	Dill butter	~ all'aneto	~ de eneldo
Garnelenbutter	~ de crevettes	Shrimp butter	~ di gamberetti	~ de gambas
Grüne Butter	~ vert	Green butter	~ verde	~ verde
Hummerbutter	~ de homard	Lobster butter	~ d'astice	~ de bogavante
Kaviarbutter	~ de caviar	Caviar butter	~ di caviale	~ de caviar
Kerbelbutter	~ de cerfeuil	Chervil butter	~ di cerfoglio	~ de perifollo
Knoblauchbutter	~ d'ail	Garlic butter	~ all'aglio	~ de ajo
Krebsbutter	~ d'écrevisses	Crayfish butter	~ di gamberi	~ de cangrejos
Kressebutter	~ de cresson	Cress butter	~ al crescione	~ de berro
Lachsbutter	~ de saumon fumé	Salmon butter	~ di salmone	~ de salmón
Maître d'hôtel-Butter	~ maître d'hôtel	Maître d'hôtel butter	~ maître d'hôtel	~ maître d'hôtel
Nussbutter	~ noisette	Brown butter	~ nocciola	~ negra
Orangenbutter	~ à l'orange	Orange butter	~ all'arancia	~ de naranja
Salbeibutter	~ de sauge	Sage butter	~ alla salvia	~ de salvia
Sardellenbutter	~ d'anchois	Anchovy butter	~ d'acciughe	~ de anchoas
Schalottenbutter	~ Bercy, ~ d'échalote	Shallot butter	~ di scalogno	~ de chalote
Schneckenbutter	~ pour escargots	Snail butter	~ per lumache	~ para caracoles
Schnittlauchbutter	~ de ciboulette	Chive butter	~ di erba cipollina	~ de cebollino
Schwarze Butter	~ noir	Black butter	~ nero	~ negra
Senfbutter	~ de moutarde	Mustard butter	~ di senape	~ de mostaza
Thymianbutter	~ de thym	Thyme butter	~ al timo	~ de tomillo
Trüffelbutter	~ de truffes	Truffle butter	~ al tartufo	~ de trufas
Wacholderbutter	~ de genièvre	Juniper berry butter	~ al ginepro	~ de enebro
Zerlassene Butter	~ fondu	Melted butter	~ fuso	~ derretida, ~ fundida

Vorspeisen

Vorspeisen deutsch	**Hors-d'œuvre** französisch	**Hors d'œuvres**[1] englisch	**Antipasti** italienisch	**Entremeses**[2] spanisch
Aal in Gelee	Anguille en gelée	Jellied eel	Anguilla in gelatina	Anguila en gelatina
~ mariniert	~ marinée	Marinated eel	~ marinata	~ en escabeche
Appetithäppchen	Amuse-gueules	Appetizers, snacks	Stuzzichini	Tapas, bocados
Artischocken, griechisch (mariniert)	Artichauts à la grecque (artichauts marinés)	Marinated artichokes	Carciofi alla greca (carciofi marinati)	Alcachofas a la griega (alcachofas marinadas)
Aufschnitt	Assiette de charcuterie[3]	Cold cuts	Affettato misto	Surtido de fiambres
Austern	Huîtres	Oysters	Ostriche	Ostras
Austern-Cocktail	Cocktail d'huîtres	Oyster cocktail	Cocktail d'ostriche	Cóctel de ostras
Austern-Schiffchen	Barquettes d'huîtres	Oyster boats	Barchette d'ostriche	Barquitas de ostras
Bärenschinken	Jambon d'ours	Bear's ham	Prosciutto d'orso	Jamón de oso
Bismarckhering	Hareng de la Baltique	Bismarck herring[5]	Aringa marinata	Arenque marinado
Blätterteigpastete	Vol-au-vent, bouchée	Vol-au-vent	Vol-au-vent	Volován, vol-au-vent
~ mit Geflügel	~ de volaille	Chicken vol-au-vent	~ di pollo	~ de pollo
~ mit Meeresfrüchten	~ aux fruits de mer	Seafood vol-au-vent	~ ai frutti di mare	~ de mariscos
~ mit Pilzen	~ aux champignons	Mushroom vol-au-vent	~ ai funghi	~ de setas
Blinis (Buchweizenpfannkuchen)	Blinis (petites crêpes au sarrasin)	Blinis (small buckwheat pancakes)	Blini (frittatine di grano saraceno)	Blinis (crepes de trigo sarraceno)
Botarga (Presskaviar aus Meeräscherogen)	Poutargue[4] (caviar d'œufs de mulet)	Botargo (pressed caviar made of mullet roe)	Bottarga (sorta di caviale di uova di muggine)	Botarga (embuchado de huevas de mújol)
Bouchées	Bouchées	Bouchées, patties	Vol-au-vent	Volován
Bückling	Buckling, hareng saur	Bloater, buckling	Aringa affumicata	Arenque ahumado
Bündner Fleisch	Viande séchée des Grisons	Grisons air-dried beef	Bresaola	Cecina de los Grisones
Canapés	Canapés	Canapés	Canapè, tartine	Canapés
Kaviarcanapés	~ au caviar	Caviar canapés	~ di caviale	~ de caviar
Lachscanapés	~ au saumon	Salmon canapés	~ al salmone	~ de salmón
Sardellencanapés	~ aux anchois	Anchovy canapés	~ di acciughe	~ de anchoas

1) also starters and appetizers - 2) o entradas - 3) ou assiette anglaise - 4) ou boutargue - 5) marinated herring fillet

Vorspeisen deutsch	Hors-d'œuvre französisch	Hors d'œuvres englisch	Antipasti italienisch	Entremeses spanisch
Champignons auf Toast	Croûte aux champignons	Mushrooms on toast	Funghi sul crostone	Champiñones sobre tostada
Cornichons	Cornichons	Pickles, gherkins	Cetriolini sott'aceto	Pepinillos en vinagre
Deutscher Kaviar (vom Seehasen)	Œufs de lump	Lumpfish roe	Uova di lompo	Huevas de lompa
Eier mit Mayonnaise	Œufs à la mayonnaise	Cold eggs mayonnaise	Uova sode con maionese	Huevos con mayonesa
~ mit Tatarensauce	Œufs à la tartare	Cold eggs tartare sauce	Uova alla tartara	~ fríos a la tártara
Fisch in Muschelschalen	Coquilles de poisson	Scalloped fish	Conchiglie di pesce	Conchas de pescado
Fischsalat	Salade de poisson	Fish salad	Insalata di pesce	Ensalada de pescado
Fischvorspeisen	Hors-d'œuvre de poissons	Hors d'œuvres of fish	Antipasti di pesce	Entremeses de pescado
Fleischlose Vorspeisen	Hors-d'œuvre maigres	Meatless hors d'œuvres	Antipasti di magro	Entremeses de vigilia
Fondue (Käsefondue)	Fondue savoyarde	Fondue	Fondue	Fondue
Forellenkaviar	Caviar de truite	Trout caviar	Caviale di trota	Caviar de trucha
Frankfurter Würstchen	Saucisses de Francfort	Frankfurters	Würstel	Salchichas de Frankfurt
Fruchtsalat	Cocktail de fruits	Fruit cocktail	Cocktail di frutta	Cóctel de frutas
Gänseconfit (eingemachtes Gänsefleisch)	Confit d'oie	Confit of goose (potted goose)	Confit d'oca (conserva d'oca)	Confit de oca (oca confitada)
Gänselebermousse	Mousse de foie gras	Goose liver mousse	Mousse di fegato d'oca	Mousse de foie-gras
Gänseleberpastete	Pâté de foie gras	Pâté de foie gras	Foie gras, pâté di fegato d'oca	Foie-gras (pasta de hígado de ganso)
Gänseleberterrine	Terrine de foie gras	Foie gras terrine	Terrina di fegato d'oca	Terrina de foie-gras
Gänsesalami	Saucisson d'oie	Goose salami	Salame d'oca	Salami de ganso
Gänsestopfleber	Foie gras	Foie gras	Foie gras	Foie-gras
Geflügelgalantine	Galantine de volaille	Chicken galantine	Galantina di pollo	Galantina de pollo
Geflügel in Muschelschalen	Coquilles de volaille	Scalloped chicken	Conchiglie di pollo	Conchas de ave
Geflügelsalat	Salade de volaille	Chicken salad	Insalata di pollo	Ensalada de pollo
Gefüllte Eier	Œufs durs farcis	Stuffed eggs	Uova ripiene	Huevos rellenos

Vorspeisen deutsch	Hors-d'œuvre französisch	Hors d'œuvres englisch	Antipasti italienisch	Entremeses spanisch
Gefüllte Oliven	Olives farcies	Stuffed olives	Olive farcite	Aceitunas rellenas
Gemischte Vorspeisen	Hors-d'œuvre variés	Assorted hors d'œuvres	Antipasti assortiti	Entremeses variados
Geräucherte Entenbrust	Poitrine de canard fumée	Smoked duck breast	Petto d'anatra affumicato	Pechuga de pato ahumada
~ Gänsebrust	Poitrine d'oie fumée	Smoked goose breast	Petto d'oca affumicato	~ de ganso ahumada
Heringsfilets	Filets de hareng	Herring fillets	Filetti d'aringa	Filetes de arenque
Heringssalat	Salade de hareng	Herring salad	Insalata di aringhe	Ensalada de arenques
Hirschsalami	Salami de cerf	Venison salami	Salame di cervo	Salami de ciervo
Hirschschinken	Jambon de cerf	Venison ham	Prosciutto di cervo	Jamón de ciervo
Hummer-Cocktail	Cocktail de homard	Lobster cocktail	Cocktail d'astice	Cóctel de bogavante
Hummer-Salat	Salade de homard	Lobster salad	Insalata d'astice	Ensalada de bogavante
Hummer-Schiffchen	Barquettes de homard	Lobster boats	Barchette d'astice	Barquitas de bogavante
Kalbsmilch-Pastete	Vol-au-vent de ris de veau	Sweetbread vol-au-vent	Vol-au-vent con animelle	Volován de mollejas
Kalte Platte	Assiette anglaise	Cold cuts	Piatto freddo	Surtido de fiambres
Kaninchen-Galantine	Galantine de lapin	Rabbit galantine	Galantina di coniglio	Galantina de conejo
Käsesoufflé	Soufflé au fromage	Cheese soufflé	Soufflé di formaggio	Soufflé de queso
Käsestangen	Allumettes au fromage	Cheese straws	Bastoncini al formaggio	Barritas de queso
Käsetörtchen	Ramequins	Cheese tartlets, ramekins	Tartellette al formaggio	Tartaletas de queso
Kaviar	Caviar	Caviar, caviare	Caviale	Caviar
Kiebitzeier	Œufs de vanneau	Lapwing eggs	Uova di pavoncella	Huevos de avefría
Königinpastete	Bouchée à la reine	Vol-au-vent à la reine	Vol-au-vent alla finanziera	Volován a la financiera
Krabbencocktail	Cocktail de crevettes	Prawn cocktail	Cocktail di gamberetti	Cóctel de gambas
Krabbensalat	Salade de crevettes	Shrimp salad	Insalata di gamberetti	Ensalada de gambas
Krabbenschiffchen	Barquettes de crevettes	Shrimp boats	Barchette di gamberetti	Barquitas de gambas
Krebsschwanz-Cocktail	Cocktail d'écrevisses	Crayfish cocktail	Cocktail di gamberi	Cóctel de cangrejos
Lachs in Blätterteig	Feuilleté de saumon	Salmon millefeuille	Salmone in crosta	Salmón en hojaldre
Lachskaviar (Keta-Kaviar)	Caviar de saumon	Salmon caviar	Caviale di salmone	Caviar de salmón
Lachsmayonnaise	Mayonnaise de saumon	Salmon mayonnaise	Maionese di salmone	Mayonesa de salmón
Lachsmousse	Mousse de saumon	Salmon mousse	Mousse di salmone	Mousse de salmón

Vorspeisen deutsch	**Hors-d'œuvre** französisch	**Hors d'œuvres** englisch	**Antipasti** italienisch	**Entremeses** spanisch
Lachsröllchen	Cornets de saumon	Salmon cornets	Cornetti di salmone	Rollitos de salmón
Leberwurst	Pâté de foie	Liver sausage, liverwurst	Pâté di fegato di maiale	Embuchado de hígado
Luftgetrocknetes Hirschfleisch	Viande séchée de cerf	Air-dried venison meat	Bresaola di cervo	Cecina de venado
Lumpfischrogen	Œufs de lump	Lumpfish roe	Uova di lompo	Huevas de lompa
Matjeshering	Hareng franc	Matie herring	Aringa giovane	Arenque joven
Meeresfrüchtesalat	Fruits de mer en salade	Seafood salad	Insalata di mare	Mariscos en ensalada
Melone, eisgekühlt	Melon glacé	Iced melon	Melone ghiacciato	Melón helado
Minipizzas	Mini-pizzas	Mini pizzas	Pizzette	Pizzetas, mini pizzas
Mixed Pickles	Pickles	Pickles	Sottaceti	Encurtidos
Mortadella	Mortadelle	Mortadella	Mortadella	Mortadela
Ochsenmaulsalat	Museau de bœuf	Ox-muzzle salad	Insalata di muso di bue	Ensalada de morro de buey
Oliven (grüne)	Olives vertes	Green olives	Olive verdi	Aceitunas verdes
~ (schwarze)	Olives noires	Ripe olives, black olives	Olive nere	Aceitunas negras
Ölsardinen	Sardines à l'huile	Sardines in oil	Sardine sott'olio	Sardinas en aceite
Parmaschinken	Jambon cru de Parme	Parma ham	Prosciutto di Parma	Jamón de Parma
Parmesanspießchen	Brochettes de Parme	Parmesan en brochette	Spiedini di parmigiano	Brochetas de parmesano
Perlzwiebeln (sauer eingelegt)	Petits oignons (au vinaigre)	Pickled onions	Cipolline sott'aceto	Cebollitas en vinagre
Pökelzunge	Langue écarlate	Pickled tongue	Lingua salmistrata	Lengua salada
Portugiesische Austern	Huîtres portugaises	Portuguese oysters	Ostriche portoghesi	Ostras portuguesas
Presskaviar	Caviar pressé	Pressed caviar	Caviale pressato	Caviar aplastado
Quiche lorraine (Lothringer Specktorte)	Quiche lorraine (tarte à la crème et au lard)	Quiche lorraine (flan with bacon & cream)	Quiche lorenese (torta con lardo e crema)	Quiche lorenesa (torta de tocino y crema)
Radieschen	Radis (roses)	Radishes	Ravanelli	Rabanitos
Ramequins s. Käsetörtchen				

Vorspeisen deutsch	**Hors-d'œuvre** französisch	**Hors d'œuvres** englisch	**Antipasti** italienisch	**Entremeses** spanisch
Räucheraal	Anguille fumée	Smoked eel	Anguilla affumicata	Anguila ahumada
Räucherforelle	Truite fumée	Smoked trout	Trota affumicata	Trucha ahumada
Räucherhering	Hareng saur, hareng fumé	Kipper, kippered herring	Aringa affumicata	Arenque ahumado
Räucherlachs	Saumon fumé	Smoked salmon	Salmone affumicato	Salmón ahumado
Rauchfleisch	Bœuf fumé	Smoked beef	Manzo affumicato	Carne ahumada, cecina
Rehschinken	Jambon de chevreuil	Venison ham	Prosciutto di capriolo	Jamón de corzo
Reiskroketten	Croquettes de riz	Rice croquettes	Crocchette di riso	Croquetas de arroz
Rentierschinken	Jambon de renne	Reindeer ham	Prosciutto di renna	Jamón de reno
Rettich	Radis (blanc ou noir)	Radish	Rafano, ramolaccio	Rábano
Rillettes (Schweinefleischpaste)	Rillettes (de Tours)	Potted pork	Pâté di maiale	Pasta de cerdo
~ (Gänsefleischpaste)	Rillettes d'oie	Potted goose	Pâté d'oca	Pasta de ganso
Rissolen (gebackene Blätterteigtaschen)	Rissoles (chaussons farcis)	Rissoles (fried cakes with meat or fish stuffing)	Rissoles (fagottini fritti)	Rissoles (empanadillas de carne o pescado)
~ mit Trüffeln	~ aux truffes	~ with truffles	Rissoles ai tartufi	~ con trufas
Rohkostplatte	Assiette de crudités	Crudités (raw vegetables)	Crudità	Crudités (verduras crudas)
Rollmops	Rollmops	Rollmops (rolled herring)	Rollmops[1]	Rollmops[2]
Russische Eier	Œufs à la russe	Eggs à la russe	Uova alla russa	Huevos a la rusa
Salami	Salami	Salami	Salame	Salami, salchichón
~ (ungarische)	~ hongrois	Hungarian salami	~ ungherese	~ húngaro
Sandwich	Sandwich	Sandwich	Sandwich, panino	Bocadillo, emparedado
Käsesandwich	~ au fromage	Cheese sandwich	~ al formaggio	~ de queso
Schinkensandwich	~ au jambon	Ham sandwich	~ al prosciutto	~ de jamón
Sardellenbutter	Beurre d'anchois	Anchovy butter	Burro d'acciughe	Manteca de anchoa
Sardellenfilets	Filets d'anchois	Anchovy fillets	Filetti d'acciuga	Filetes de anchoa
Sardellenstäbchen	Allumettes aux anchois	Anchovy-straws	Bastoncini all'acciuga	Barritas de anchoa
Scampi-Cocktail	Cocktail de langoustines	Scampi cocktail	Cocktail di scampi	Cóctel de cigalas

1) aringa arrotolata e marinata - 2) arenque enrollado en escabeche

Vorspeisen deutsch	Hors-d'œuvre französisch	Hors d'œuvres englisch	Antipasti italienisch	Entremeses spanisch
Schinken	Jambon	Ham	Prosciutto	Jamón
~ (gekochter)	~ de Paris, ~ blanc	Ham, cooked ham	~ cotto	~ de York, ~ dulce
~ (geräucherter)	~ fumé	Smoked ham	~ affumicato	~ ahumado
~ mit Melone	Jambon cru et melon	Raw ham and melon	Prosciutto e melone	Jamón serrano con melón
~ (roher)	~ cru	Raw ham, Parma ham	~ crudo	~ serrano, ~ crudo
~ (westfälischer)	~ de Westphalie	Westphalian ham	~ di Vestfalia	~ de Westfalia
~ (Yorker)	~ d'York	York ham	~ di York	~ de York
Schinken-Kalbfleischpastete	Pâté de veau et de jambon	Veal and ham pie	Pâté di vitello e prosciutto	Paté de ternera y jamón
Schinken-Mousse	Mousse de jambon	Ham mousse	Mousse di prosciutto	Mousse de jamón
Schinken-Röllchen	Cornets de jambon	Ham cornets	Cornetti di prosciutto	Rollitos de jamón
Schleien, mariniert	Tanches marinées	Marinated tenches	Tinche marinate	Tencas en escabeche
Schnecken (Weinberg-)	Escargots	Snails	Lumache	Caracoles
Schwedenplatte (marinierte und geräucherte Fischspezialitäten)	Plat suédois (spécialités de poissons marinés et fumés)	Swedish platter (marinated and smoked fish specialities)	Piatto svedese (specialità di pesce marinato e affumicato)	Plato sueco (surtido de pescados en escabeche y ahumados)
Schwertfisch, mariniert	Espadon mariné	Marinated swordfish	Pesce spada marinato	Pez espada en escabeche
Sellerie in Remoulade	Céleri rémoulade	Celery rémoulade	Sedano con maionese	Apio nabo en mayonesa
Spargelsülze	Asperges en gelée	Jellied asparagus	Asparagi in gelatina	Espárragos en gelatina
Spickaal	Anguille fumée	Smoked eel	Anguilla affumicata	Anguila ahumada
Spickgans	Poitrine d'oie fumée	Smoked goose-breast	Petto d'oca affumicato	Pechuga de ganso ahumada
Störterrine	Terrine d'esturgeon	Sturgeon terrine	Terrina di storione	Terrina de esturión
Tapenade (Olivenpaste)	Tapenade	Olive paste	Pâté di olive	Pasta de aceitunas
Thunfisch in Öl	Thon à l'huile	Tunny in olive oil	Tonno sott'olio	Atún en aceite
Tiroler Bauernspeck	Jambon cru fumé	Smoked raw ham	Speck (prosciutto crudo affumicato)	Jamón serrano ahumado
Tomatensalat	Tomates à la vinaigrette	Tomato salad	Pomodori in insalata	Tomates en ensalada

Vorspeisen deutsch	Hors-d'œuvre französisch	Hors d'œuvres englisch	Antipasti italienisch	Entremeses spanisch
Verschiedene Canapés	Canapés divers	Variety of canapés	Tartine assortite	Canapés surtidos
Vol-au-vent s. Blätterteigpastete				
Vorspeisen vom Wagen	Chariot de hors-d'œuvre	Hors d'œuvre trolley	Carrello di antipasti	Carrito de entremeses
Wachteleier	Œufs de caille	Quail eggs	Uova di quaglia	Huevos de codorniz
~ mit Kaviar	~ de caille au caviar	Quail eggs with caviar	~ di quaglia con caviale	~ de codorniz con caviar
Welsh Rabbit (Röstbrot mit heißem Käse belegt)	Welsh rabbit (fromage fondu sur toast)	Welsh rabbit[1] (dish of melted cheese on toast)	Welsh rabbit (formaggio fuso su pane tostato)	Welsh rabbit (queso derretido sobre tostada)
Wildpastete	Pâté de gibier	Game pie, venison pie	Pâté di cacciagione	Pastel de caza
Wildschweinschinken	Jambon de sanglier	Wild boar ham	Prosciutto di cinghiale	Jamón de jabalí
Wildschweinwürstchen	Saucisse de sanglier	Wild boar sausage	Salsiccia di cinghiale	Salchicha de jabalí
Wurst	Saucisson; salami	Sausage; salami	Salame	Embutido, salchichón
Würstchen	Saucisses	Sausages	Salsicce	Salchichas
~ in Blätterteig	~ en feuilletage	Sausages rolls	~ in crosta	~ en hojaldre
Wurstplatte	Assiette de charcuterie	Assortment of sausages	Salumi assortiti	Surtido de embutidos
Wurstsalat	Saucisson en salade	Sausage salad	Insalata di salsicce	Ensalada de salchichón
Zervelatwurst	Cervelas	Cervelat, saveloy	Salsicciotto affumicato	Salchichón ahumado

1) or Welsh rarebit

Suppen deutsch	**Potages** französisch	**Soups** englisch	**Minestre** italienisch	**Sopas** spanisch
Aalsuppe	Potage à l'anguille	Eel soup	Zuppa d'anguilla	Sopa de anguila
Austernsuppe	Soupe aux huîtres	Oyster soup	Zuppa d'ostriche	~ de ostras
Backerbsensuppe	Consommé aux profiteroles	Consommé with profiteroles	Consommé con pasta reale	~ con profiteroles
Bährlauchsuppe	Potage à l'ail sauvage	Ramsons soup	Zuppa di aglio orsino	~ de ajo de oso
Bauernsuppe (Gemüsesuppe)	~ à la paysanne (potage aux légumes)	Peasant-style soup (vegetable soup)	Zuppa alla contadina (zuppa di verdura)	~ campesina (sopa de verduras)
Beuschelsuppe	~ au mou de veau	Calf's light soup	Zuppa di polmone	~ de bofes de ternera
Biersuppe	Soupe à la bière	Beer soup	Minestra di birra	~ de cerveza
Bisque von Krustentieren	Bisque de crustacés	Shellfish bisque	Bisque di crostacei	Bisque de crustacéos
Blumenkohlsuppe	Potage au chou-fleur	Cauliflower soup	Minestra di cavolfiore	Sopa de coliflor
Bohnenpüreesuppe	Potage purée de haricots	Bean purée soup	Passato di fagioli	~ puré de judías
Bohnensuppe	Potage aux haricots	Bean soup, haricot soup	Minestra di fagioli	~ de judías
Bouillabaisse (Fischsuppe mit Safran)	Bouillabaisse (soupe de poisson safranée)	Bouillabaisse (French fish-soup with saffron)	Zuppa di pesce provenzale (con zafferano)	Bullabesa (potaje de pescado con azafrán)
Bouillon	Bouillon	Broth, bouillon	Brodo	Caldo (de carne)
~ mit Ei	~ à l'œuf	Bouillon with egg	~ all'uovo	~ con yema
~ mit Einlage	~ garni	Garnished bouillon	~ con pastina (o riso o altro)	~ guarnecido
Brennesselsuppe	Soupe à l'ortie	Nettle soup	Zuppa di ortiche	Sopa de ortiga
Brotsuppe	Soupe au pain	Bread soup	Zuppa di pane	Sopa de pan
Brunnenkressesuppe	Potage au cresson	Watercress soup	Minestra di crescione	Sopa de berros
Busecca (Kuttelsuppe mit weißen Bohnen)	Busecca (soupe aux tripes de veau)	Busecca (tripe and bean soup)	Busecca (zuppa di trippa e fagioli)	Busecca (sopa de callos con judías blancas)
Champignoncremesuppe	Crème de champignons	Cream of mushroom soup	Crema di funghi	Crema de champiñones
Consommé s. Kraftbrühe				
Cremesuppe	(Potage) crème; velouté	Cream soup	Crema, vellutata	Crema
Dinkelsuppe	Soupe d'épeautre	Spelt soup	Minestra di farro	Sopa de espelta

Suppen deutsch	Potages französisch	Soups englisch	Minestre italienisch	Sopas spanisch
Doppelte Kraftbrühe	Consommé double	Double consommé	Consommé doppio	Consomé doble
Einlaufsuppe	Soupe stracciatella	Egg-drop soup	Stracciatella	Sopa de huevos batidos
Erbsensuppe	Potage Saint-Germain	Pea soup	Minestra di piselli	Sopa de guisantes
Fasanenbrühe	Consommé de faisan	Pheasant consommé	Brodo di fagiano	Consomé de faisán
Fastensuppe	Potage maigre	Lenten soup, soup maigre	Minestra di magro	Sopa de vigilia
Fenchelsuppe	Potage aux fenouils	Fennel soup	Zuppa di finocchi	Sopa de hinojos
Fischsuppe	Soupe de poisson	Fish-soup	Zuppa di pesce	Sopa de pescado
Fleischbrühe	Bouillon	Broth, bouillon	Brodo	Consomé, caldo de carne
~ mit Ei	~ à l'œuf	Bouillon with egg	~ all'uovo	~ con yema
Frittatensuppe	Consommé Célestine	Consommé Célestine (with shredded pancake)	Frittatine in brodo	Consomé Celestina (con una crepe en tiritas)
Froschsuppe	Soupe aux grenouilles	Frog soup	Zuppa di rane	Sopa de ranas
Frühlingssuppe	Potage printanier	Spring soup	Zuppa primaverile	Sopa de primavera
Gazpacho (kalte Suppe aus rohem Gemüse)	Gaspacho (potage non cuit de légumes crus)	Gazpacho (soup of uncooked vegetables)	Gazpacho (minestra fredda di verdure crude)	Gazpacho (sopa fría de legumbres crudos)
Geflügelcremesuppe	Potage crème de volaille	Cream of chicken soup	Crema di pollo	Crema de ave
Gemüsebrühe	Bouillon de légumes	Vegetable broth	Brodo vegetale	Caldo de verduras
Gemüsepüreesuppe	Potage purée de légumes	Vegetable purée soup	Passato di verdura	Sopa puré de verduras
Gemüsesuppe	Potage aux légumes	Vegetable soup	Minestra di verdura	Sopa de verduras
Germiny-Suppe (Sauerampfersuppe)	~ Germiny (potage à l'oseille)	Germiny soup (sorrel soup)	Minestra Germiny (zuppa di acetosa)	Sopa Germiny (sopa de acedera)
Gerstenschleimsuppe	Crème d'orge	Cream of barley soup	Crema d'orzo	Crema de cebada
Gerstensuppe	Potage à l'orge	Barley soup	Minestra d'orzo	Sopa de cebada
Grießnockerlsuppe	Potage aux quenelles de semoule	Semolina dumpling soup	Gnocchetti di semolino in brodo	Sopa con albondiguillas de sémola
Grießsuppe	~ à la semoule	Semolina soup	Minestra di semolino	Sopa de sémola
Grünkernsuppe	Soupe d'épeautre vert	Green spelt soup	Zuppa di farro verde	Sopa de farro verde

Suppen deutsch	**Potages** französisch	**Soups** englisch	**Minestre** italienisch	**Sopas** spanisch
Gulaschsuppe	Potage goulache (potage très relevé avec dés de bœuf)	Goulash soup (highly seasoned soup of beef & potato)	Minestra di gulasch (minestra piccante con pezzetti di carne)	Sopa de gulasch (sopa picante con trozos de carne y patatas)
Gurkensuppe	Potage aux concombres	Cucumber soup	Minestra di cetrioli	Sopa de pepinos
Haferschleimsuppe	Crème d'avoine	Oatmeal soup	Crema d'avena	Crema de avena
Haifischflossensuppe	Consommé aux nageoires de requin	Shark's fin soup	Zuppa di pinne di pesce	Sopa de aletas de tiburón
Hirnsuppe	Potage de cervelle	Brain soup	Minestra di cervella	Sopa de sesos
Holundersuppe	Potage au sureau	Elder soup	Zuppa di sambuco	Sopa de saúco
Hühnerbrühe	Consommé de volaille	Chicken broth	Brodo di pollo	Caldo de pollo
Hummersuppe	Bisque de homard	Lobster bisque	Zuppa d'astice	Sopa de bogavante
Jägersuppe	Potage chasseur	Game soup	Minestra del cacciatore	Sopa del cazador
Juliennesuppe	Potage julienne	Julienne soup	Zuppa julienne	Sopa juliana
Kalbsschwanzsuppe	Potage queue de veau	Calf's tail soup	Brodo di coda di vitello	Sopa de rabo de ternera
Kalte Kraftbrühe	Consommé froid	Cold consommé	Consommé freddo	Consomé frío
Känguruschwanzsuppe	Potage queue de kangourou	Kangaroo-tail soup	Brodo di coda di canguro	Sopa de rabo de canguro
Karottensuppe	Potage Crécy	Carrot soup	Minestra di carote	Sopa de zanahorias
Kartoffelsuppe	Potage Parmentier	Potato soup	Minestra di patate	Sopa de patatas
Kastaniensuppe	Potage aux marrons	Chestnut soup	Minestra di castagne	Sopa de castañas
Kerbelsuppe	Potage au cerfeuil	Chervil soup	Zuppa di cerfoglio	Sopa de cerezas
Klare Suppe	Potage clair, consommé	Clear soup	Minestra chiara	Sopa clara
Knoblauchsuppe	Potage à l'ail	Garlic soup	Zuppa d'aglio	Sopa de ajo
Knödelsuppe	Potage aux boulettes tyroliennes	Tyrolean dumpling soup	Canederli in brodo	~ con albóndigas
Kohlrabisuppe	Soupe au chou-rave	Kohlrabi soup	Zuppa di cavolo rapa	Sopa de colinabo
Kohlsuppe	Soupe au chou	Cabbage soup	Zuppa di cavolo	Sopa de coles
Königinsuppe	Potage à la reine	Cream of chicken soup	Crema di pollo	Sopa reina (crema de ave)

Suppen deutsch	**Potages** französisch	**Soups** englisch	**Minestre** italienisch	**Sopas** spanisch
Krabbensuppe	Soupe aux crevettes	Shrimp soup	Zuppa di gamberetti	Sopa de gambas
Kraftbrühe	Consommé	Consommé, clear soup	Consommé	Consomé
~ mit Backerbsen	~ aux profiteroles	~ with profiteroles[1]	~ con pasta reale	~ con profiteroles
~ Célestine (mit Pfannkuchenstreifen)	Consommé Célestine	Consommé Célestine (with shredded pancake)	Consommé Celestina (frittatine in brodo)	Consomé Celestina (con una crepe en tiritas)
~ mit Eierstich	Consommé à la royale (garni de royale)	Royale soup (with egg custard)	Brodo con royale	Consomé con dados de flan
~ mit Einlage	~ garni	Consommé with pasta (or rice)	Pastina (o riso) in brodo	~ de pasta (o de arroz)
~ mit Fadennudeln	~ au vermicelle	Vermicelli soup	Vermicelli in brodo	~ con fideos
~ mit Lebernockerln	~ aux noques de foie	Consommé with liver quenelles	Gnocchetti di fegato in brodo	~ con albondiguillas de hígado
~ Madrilène (Hühnerbrühe mit Tomaten)	~ madrilène (consommé de volaille tomaté)	~ madrilène (tomato-based chickenbroth)	Consommé alla madrilena (al pomodoro)	~ madrileño (consomé de ave con tomate)
~ mit Mark	~ à la moelle	~ with beef marrow	~ con midollo	~ con tuétano
~ mit Markklößchen	~ aux quenelles à la moelle	~ with marrow quenelles	Gnocchetti di midollo in brodo	~ con albondiguillas de tuétano
~ mit Reiseinlage	Potage au riz	Clear rice soup	Riso in brodo	~ de arroz
~ mit Teigwaren	Potage aux pâtes	Consommé with pasta	Pastina in brodo	Sopa de pasta
Kräutersuppe	Potage aux herbes	Herb soup	Minestra alle erbe	Sopa de hierbas
Krebssuppe	Soupe d'écrevisses	Crayfish soup	Zuppa di gamberi	Sopa de cangrejos
Kressesuppe	Potage au cresson[2]	Watercress soup	Minestra di crescione	Sopa de berros
Kürbissuppe	Soupe au potiron	Pumpkin soup	Zuppa di zucca	Sopa de calabaza
Kuttelsuppe	Soupe aux tripes	Tripe soup	Minestra di trippa	Sopa de callos
Lauchcremesuppe	Potage crème de poireaux	Cream of leek soup	Crema di porri	~ de puerros
Leberknödelsuppe	Potage aux boulettes de foie	Liver dumpling soup	Canederli di fegato in brodo	Sopa con albóndigas de hígado
Lebersuppe	Potage au foie de veau	Liver soup	Zuppa di fegato	~ de hígado

1) pea-sized balls of choux pastry - 2) ou potage cressonnière

Suppen deutsch	**Potages** französisch	**Soups** englisch	**Minestre** italienisch	**Sopas** spanisch
Linsensuppe	Potage Conti (aux lentilles)	Lentil soup	Minestra di lenticchie	Sopa de lentejas
Londonderry-Suppe (mit Madeira und Kalbskopf-würfeln)	Potage Londonderry (consommé au madère, garni tête de veau en dés)	Londonderry soup (consommé with Madeira and diced calf's head)	Consommé Londonderry (brodo al madera con dadi di testina di vitello)	~ Londonderry (caldo al Madera con dados de cabeza de ternera)
Madrider Brühe	Consommé madrilène	Consommé madrilène	Consommé alla madrilena	Consomé madrileño
Meeresfrüchtesuppe	Soupe aux fruits de mer	Seafood soup	Zuppa di frutti di mare	Sopa de mariscos
Milzschnittensuppe	Potage aux croûtons de rate	Consommé with milt croûtons	Crostini di milza in brodo	Sopa con costrones de bazo
Minestrone (Gemüsesuppe mit Reis- oder Teigwaren-Einlage)	Minestrone (potage aux légumes divers garni riz ou pâtes)	Minestrone (thick vegetable soup with pasta or rice)	Minestrone (minestra di verdura con riso o pasta)	Minestrone (sopa de verduras con pasta o arroz)
Morchelsuppe	Potage aux morilles	Morel soup	Minestra di spugnole	Sopa de colmenillas
Mulligatawny-Suppe (Currysuppe mit Huhn)	Potage mulligatawny (soupe de poulet au curry)	Mulligatawny (soup) (curry soup with chicken)	Minestra mulligatawny (minestra di pollo al curry)	Sopa mulligatawny (sopa de ave al curry)
Muschelsuppe	Soupe aux moules	Mussel soup	Zuppa di cozze	Sopa de mejillones
Nockerlsuppe	Potage aux noques	Consommé with quenelles	Gnocchetti in brodo	Sopa con albondiguillas
Nudelsuppe	Potage aux nouilles	Noodle soup	Taglierini in brodo	Sopa de fideos
Ochsenschwanzsuppe (Oxtailsuppe)	Oxtail, potage queue de bœuf	Oxtail soup	Brodo di coda di bue	Sopa de rabo de buey
Pilzsuppe	Potage aux champignons	Mushroom soup	Zuppa di funghi	Sopa de setas
Portugiesische Suppe (Tomatensuppe)	Potage à la portugaise	Portuguese soup (tomato soup)	Minestra alla portoghese (minestra di pomodoro)	Sopa portuguesa (sopa de tomate)
Potaufeu (Eintopf aus Fleisch und Gemüse)	Pot-au-feu (ou petite marmite)	Pot-au-feu (broth with meat and vegetables)	Pot-au-feu (brodo con verdure e pezzi di lesso)	Pot-au-feu (cocido de carne de vaca)
Ravioli-Suppe	Potage aux ravioli	Ravioli soup	Ravioli in brodo	Sopa de ravioles
Reisschleimsuppe	Crème de riz	Cream of rice soup	Crema di riso	Crema de arroz
Reissuppe (klare)	Potage au riz	Clear rice soup	Riso in brodo	Sopa de arroz

Suppen deutsch	Potages französisch	Soups englisch	Minestre italienisch	Sopas spanisch
Rindsuppe	Bouillon	Bouillon, clear soup	Brodo, consommé	Caldo
Risi-Pisi	Potage de riz aux petits pois	Rice and pea soup	Risi e bisi	Sopa de arroz y guisantes
Rote-Bete-Suppe	Potage aux betteraves	Beetroot soup	Minestra di barbabietole	Sopa de remolachas
Samtsuppe von Schwarzwurzeln	Velouté de salsifis	Black salsify soup	Vellutata di scorzonera	Sopa de salsifí
Sauerampfersuppe	Potage à l'oseille	Sorrel soup	Zuppa di acetosa	Sopa de acedera
Sauerkrautsuppe	Soupe de choucroute	Sauerkraut soup	Zuppa di crauti	Sopa de chucrut
Schildkrötensuppe	Potage tortue	Real turtle soup	Brodo di tartaruga	Sopa de tortuga
~ (falsche)	Potage fausse tortue	Mock-turtle soup	~ di finta tartaruga	~ de tortuga falsa
~ Lady Curzon (mit Schlagsahnehaube)	Potage tortue Lady Curzon (couvert de crème fouettée)	Turtle soup Lady Curzon (topped with whipped cream)	~ di tartaruga Lady Curzon (coperto di panna montata)	~ de tortuga Lady Curzon (cubierta de nata batida)
Schneckensuppe	Potage aux escargots	Snail soup	Zuppa di lumache	Sopa de caracoles
Schottische Brühe (Hammelbouillon mit Graupen)	Pot-au-feu écossais (soupe de mouton à l'orge)	Scotch broth (soup of mutton and pearl-barley)	Brodo scozzese (brodo di montone con orzo)	Caldo escocés (caldo de carnero con cebada)
Schwalbennestersuppe	Potage aux nids d'hirondelle	Bird's nest soup	Brodo con nidi di rondine	Sopa con nidos de salangana
Schwarzwurzelsuppe	Potage de salsifis	Black salsify soup	Zuppa di scorzonera	Sopa de salsifí
Selleriecremesuppe	Potage crème de céleri	Cream of celery soup	Crema di sedani	Crema de apio
Spargelcremesuppe	Potage crème d'asperges	Cream of asparagus soup	Crema d'asparagi	Crema de espárragos
Speckknödelsuppe	Potage aux boulettes tyroliennes	Tyrolean dumpling soup	Canederli in brodo	Sopa con albóndigas de tocino
Spinatcremesuppe	Potage crème d'épinards	Cream of spinach soup	Crema di spinaci	Crema de espinacas
Steinbuttsuppe	Soupe de turbot	Turbot soup	Zuppa di rombo	Sopa de rodaballo
Steinpilzsuppe	Potage aux cèpes	Mushroom soup	Zuppa di funghi porcini	Sopa de setas
Suppentopf s. Potaufeu				

Suppen deutsch	**Potages** französisch	**Soups** englisch	**Minestre** italienisch	**Sopas** spanisch
Tagessuppe	Potage du jour	Soup of the day	Minestra del giorno	Sopa del día
Tapiokasuppe	Potage au tapioca	Tapioca soup	Minestra di tapioca	Sopa de tapioca
Tintenfischsuppe	Soupe aux calmars	Squid soup	Zuppa di calamari	Sopa de calamares
Tomatenbrühe	Consommé à la tomate	Tomato consommé	Consommé al pomodoro	Consomé de tomate
Tomatensuppe	Potage à la tomate	Tomato soup	Minestra di pomodori	Sopa de tomate
Vermicelli-Suppe	Potage au vermicelle	Vermicelli soup	Vermicelli in brodo	Sopa de fideos
Vichyssoise (Kartoffel-Lauch-Suppe, kalt serviert)	Vichyssoise (potage aux poireaux et aux pommes, servi froid)	Vichyssoise (iced cream of potato soup)	Vichyssoise (minestra di porri e patate, servita fredda)	Vichyssoise (sopa de puerros y patatas servida fría)
Waldpilzsuppe	Potage aux champignons sauvages	Wild mushroom soup	Zuppa di funghi di bosco	Sopa de setas silvestres
Weinsuppe	Potage au vin	Wine soup	Zuppa al vino	Sopa de vino
Wildbrühe mit Teighaube	Consommé de gibier en croûte	Game consommé in pastry crust	Consommé di selvaggina in crosta	Consomé de caza en costra
Wildsuppe	Potage de gibier	Game soup	Minestra di selvaggina	Sopa de caza
Zucchinicremesuppe	Potage crème de courgettes	Cream of courgette soup	Crema di zucchine	Sopa de calabacines
Zwiebelsuppe	Soupe à l'oignon	Onion soup	Zuppa di cipolle	Sopa de cebolla
~ überbacken	Soupe gratinée	Baked onion soup	~ di cipolle gratinata	~ de cebolla gratinada

Eierspeisen deutsch	Œufs französisch	Eggs englisch	Uova italienisch	Huevos spanisch
Eier in Aspik	Œufs en gelée	Jellied eggs	Uova in gelatina	Huevos en gelatina
~ mit Bacon	~ poêlés au bacon	Bacon and eggs	~ al bacon	~ con bacon
~ auf Benediktinerart (verlorene: mit Schinken und Sauce Hollandaise)	~ pochés bénédictine (avec jambon et sauce hollandaise)	Eggs Benedict (poached eggs with ham and hollandaise sauce)	~ affogate alla benedettina (con prosciutto e salsa olandese)	~ escalfados a la benedictina (con jamón y salsa holandesa)
~ mit Champignons (Rühreier)	~ brouillés aux champignons	Scrambled eggs with mushrooms	~ strapazzate ai funghi	~ revueltos con champiñones
~ in Cocotte (pochierte Eier)	~ en cocotte	Eggs en cocotte	~ in cocotte	~ en cazuelitas, ~ en cocotte
~ florentinisch (verlorene Eier auf Blattspinat)	~ pochés a la florentine (œufs gratinés sur lit d'épinards)	Poached eggs Florentine (eggs on bed of leaf-spinach)	~ affogate alla fiorentina (uova gratinate su spinaci)	~ a la florentina (huevos escalfados sobre espinacas)
~ mit Mayonnaise	~ durs à la mayonnaise	Cold eggs with mayonnaise	~ sode con maionese	~ duros con mayonesa
~ Meyerbeer (Setzeier mit gegrillter Lammniere)	~ sur le plat Meyerbeer (avec rognon grillé)	Fried eggs Meyerbeer (with grilled kidney)	~ al tegame Meyerbeer (con rognone d'agnello)	~ al plato Meyerbeer (con riñones)
~ Mimosa (gefüllte Eier)	~ mimosa (œufs durs farcis)	Eggs mimosa (stuffed eggs)	~ mimosa (uova sode ripiene)	~ mimosa (huevos duros rellenos)
~ Mornay (verlorene Eier gratiniert)	~ Mornay (œufs pochés au gratin)	Poached eggs mornay	~ affogate al gratin	~ Mornay (huevos escalfados al gratén)
~ d'Orsay (verlorene: auf Toast mit Chateaubriandsauce)	~ pochés d'Orsay (sur toast, nappés de sauce Chateaubriand)	Poached eggs d'Orsay (on toast, coated with sauce Chateaubriand)	~ affogate d'Orsay (su toast, cosparse di salsa Chateaubriand)	~ escalfados d'Orsay (sobre tostada con salsa Chateaubriand)
~ in Sahne (in Förmchen)	~ en cocotte à la crème	Creamed eggs en cocotte	~ in cocotte alla panna	~ en cocotte a la crema
~ mit Schinken	~ poêlés au jambon	Ham and eggs	~ al prosciutto	~ con jamón
~ mit Spargel (Rühreier)	~ brouillés Argenteuil (aux asperges)	Scrambled eggs with asparagus	~ strapazzate con asparagi	~ revueltos con espárragos
~ mit Tatarensauce	~ froids à la tartare	Cold eggs tartare sauce	~ alla tartara	~ fríos a la tártara

Eierspeisen

Eierspeisen deutsch	**Œufs** französisch	**Eggs** englisch	**Uova** italienisch	**Huevos** spanisch
Eier auf Toast (pochierte)	Œufs pochés sur toast	Poached eggs on toast	Uova affogate su toast	Huevos escalfados sobre tostada
~ mit Tomaten (Rühreier)	~ brouillés portugaise (aux tomates)	Scrambled eggs with tomatoes	~ strapazzate al pomodoro	~ revueltos con tomate
~ Turbigo (Spiegeleier mit Bratwürstchen)	~ sur le plat Turbigo (avec saucisse)	Fried eggs Turbigo (with sausage)	~ al tegame Turbigo (con una salsiccia)	~ al plato Turbigo (con salchicha)
~ türkisch (Spiegeleier mit Geflügelleber)	~ sur le plat à la turque (aux foies de volaille)	Fried eggs with chicken livers	~ al tegame alla turca (con fegatini)	~ al plato a la turca (con higadillos)
~ nach Wunsch	~ au choix	Eggs cooked to order	~ a piacere	~ a gusto
Curryeier	~ au curry	Curried eggs	~ al curry	~ al curry
Dreiminuten-Ei	Œuf à la coque	Soft-boiled egg	Uovo alla coque	Huevo pasado por agua
Eierkuchen	Omelette plate	Omelette (unfolded)	Frittata	Tortilla
Eiersalat	Œufs durs en salade	Egg salad	Uova sode in insalata	Huevos duros en ensalada
Frittierte Eier	Œufs frits	Fried eggs (in deep fat)	Uova fritte	Huevos fritos
Fünfminuten-Ei	Œuf mollet	Medium-boiled egg	Uovo bazzotto	Huevo mollet
Gefüllte Eier	Œufs farcis	Stuffed eggs	Uova ripiene	Huevos rellenos
Gratinierte Eier	~ gratinés	Poached eggs au gratin	~ gratinate	~ al gratén
Hart gekochte Eier	~ durs	Hard-boiled eggs	~ sode	~ duros
Kiebitzeier	~ de vanneau	Lapwing eggs	~ di pavoncella	~ de avefría
Omelett	Omelette	Omelette, omelet	Omelette, frittata	Tortilla
~ mit Artischocken	~ aux artichauts	Artichoke omelette	~ coi carciofi	~ de alcachofas
~ nach Bauernart	~ à la paysanne	Peasant's omelette	~ alla campagnola	~ a la paisana
~ mit Brennessel	~ à l'ortie	Nettle omelet	~ all' ortica	~ de ortiga
~ mit Champignons	~ aux champignons	Mushroom omelette	~ con funghi	~ de champiñones
~ nach Försterinart (mit Waldpilzen)	~ à la forestière (aux champignons des bois)	Wild mushroom omelet	~ alla forestale (con funghi di bosco)	~ a la forestal (con setas silvestres)
~ mit Geflügelleber	~ aux foies de volaille	Chicken liver omelette	~ con fegatini di pollo	~ de higadillos
~ mit Kartoffeln	~ Parmentier	Potato omelette	~ con patate	~ de patatas

Eierspeisen deutsch	Œufs französisch	Eggs englisch	Uova italienisch	Huevos spanisch
Omelett mit Käse	Omelette au fromage	Cheese omelette	Omelette al formaggio	Tortilla de queso
~ mit Kräutern	~ aux fines herbes	Herb omelette	~ alle erbe	~ finas hierbas
~ mit Krebsfleisch	~ Nantua (aux écrevisses)	Crayfish omelette	~ con gamberi	~ de cangrejos
~ natur	~ nature	Plain omelette	~ al naturale	~ francesa
~ mit Nieren	~ aux rognons	Kidney omelette	~ col rognone	~ de riñones
~ mit Sauerampfer	~ à l'oseille	Sorrel omelette	~ all'acetosella	~ de acedera
~ auf savoyische Art (mit Kartoffeln und Käse)	~ à la savoyarde (avec gruyère et pommes)	Savoy omelette (cheese and potato omelette)	~ alla savoiarda (con patate e groviera)	~ a la saboyarda (con queso y patatas)
~ mit Schinken	~ au jambon	Ham omelette	~ con prosciutto	~ de jamón
~ auf spanische Art	~ à l'espagnole	Spanish omelette	~ alla spagnola	~ española
~ mit Spargelspitzen	~ aux pointes d'asperges	Asparagus omelette	~ con punte d'asparagi	~ de espárragos
~ mit Spinat	~ à la florentine	Florentine omelette	~ con spinaci	~ de espinacas
~ mit Steinpilzen	~ aux cèpes	Mushroom omelette	~ con funghi porcini	~ de setas
~ mit Tomaten	~ portugaise	Tomato omelette	~ con pomodori	~ de tomate
~ mit Trüffeln	~ aux truffes	Truffle omelette	~ al tartufo	~ de trufas
~ mit Würstchen	~ à la saucisse	Sausage omelette	~ con salsiccia	~ de salchicha
~ mit Zwiebeln	~ à la lyonnaise	Onion omelette	~ con cipolle	~ de cebolla
Pfannkuchen	Pannequet, crêpe	Pancake	Crêpe, crespella	Crepe
Pochierte Eier	Œufs pochés	Poached eggs	Uova affogate	Huevos escalfados
Rührеier	~ brouillés	Scrambled eggs	~ strapazzate	~ revueltos
Russische Eier	~ à la russe	Eggs à la russe	~ alla russa	~ a la rusa
Spiegeleier	~ sur le plat, ~ poêlés, ~ miroir	Fried eggs[1]	~ al tegame, ~ all'occhio di bue	~ fritos, ~ al plato, ~ estrellados
~ mit Schinken	~ sur le plat au jambon	Ham and eggs	~ al prosciutto	~ fritos con jamón
~ mit Speck	~ sur le plat au bacon	Bacon and eggs	~ al bacon	~ fritos con bacón
Verlorene Eier	~ pochés	Poached eggs	~ affogate, ~ in camicia	~ escalfados

1) Am. sunny-side up eggs

Eierspeisen deutsch	**Œufs** französisch	**Eggs** englisch	**Uova** italienisch	**Huevos** spanisch
Wachsweiche Eier	Œufs mollets	Medium-boiled eggs	Uova bazzotte	Huevos mollets
Wachteleier	~ de caille	Quail eggs	~ di quaglia	~ de codorniz
~ in Aspik	~ de caille en gelée	Jellied quail eggs	~ di quaglia in gelatina	~ de codorniz en gelatina
~ mit Kaviar	~ de caille au caviar	Quail eggs with caviar	~ di quaglia al caviale	~ de codorniz al caviar
Weich gekochte Eier	~ à la coque	Soft-boiled eggs	~ alla coque, ~ al guscio	~ pasados por agua[1]

1) o huevos en cáscara

Fische und Schaltiere deutsch	Poissons et crustacés französisch	Fish and shellfish englisch	Pesci e crostacei italienisch	Pescados y crustáceos spanisch
Aal	Anguille	Eel	Anguilla	Anguila
~ in Dillsauce	~ à l'aneth	Eel in dill sauce	~ in salsa all'aneto	~ en salsa de enelgo
~ frittiert	~ frite	Fried eel	~ fritta	~ frita
~ grün	~ au vert	Eel in green sauce	~ al verde	~ al verde
~ auf Matrosenart	~ en matelote	Matelote of eel (eel stew)	~ alla marinara	~ a la marinera
~ vom Spieß	~ à la broche	Eel on the spit	~ allo spiedo	~ al asador
Aalquappe	Lotte de rivière	Burbot, eelpout	Bottatrice, lota	Lota
Abalone s. Meerohren				
Ährenfische	Prêtres, nonnats	Sand smelts, silversides	Latterini	Pejerrey, abichones
Alse	Alose	Shad, allice shad	Cheppia, alosa	Sábalo, alosa
Anglerfisch s. Seeteufel				
Äsche	Ombre	Grayling	Temolo	Tímalo
Austern	Huîtres	Oysters	Ostriche	Ostras
~ gebacken	~ frites	Fried oysters	~ fritte	~ fritas
~ gratiniert	~ gratinées	Oysters mornay	~ gratinate	~ al gratén
Bachforelle	Truite de rivière	Brown trout, river trout	Trota di fiume	Trucha de río
Bachsaibling	Saumon de fontaine	Brook trout, speckled trout	Salmerino di fonte	Salvelino
Barbe	Barbeau	Barbel	Barbo, barbio	Barbo
Bärenkrebs	Cigale de mer	Slipper lobster	Magnosa, cicala di mare	Cigarra
Barsch (Fluss-)	Perche	Perch	Pesce persico	Perca
~ blau	~ au bleu	Boiled perch	Pesce persico al blu	Perca azulada
Bartgrundel s. Schmerle				
Bastardmakrele	Saurel, chinchard	Horse mackerel	Sugherello, suro	Jurel
Blaufelchen	Lavaret, corégone	Whitefish, lavaret	Coregone	Lavareto, farra
Bohrmuscheln (Dattel-)	Pholades	Piddocks	Foladi	Barrenas
Bonito	Bonite, pélamide	Bonito	Tonnetto, palamita	Bonito
Brachsen	Brème	Bream	Abramide	Brema
Catfisch s. Zwergwels				

Fische und Schaltiere deutsch	Poissons et crustacés französisch	Fish and shellfish englisch	Pesci e crostacei italienisch	Pescados y crustáceos spanisch
Döbel	Chevaine, chevesne	Chub	Cavedano	Cacho
Donaulachs	Saumon de Danube	Danube salmon	Salmone del Danubio	Salmón del Danubio
Dorade s. Goldmakrele und Goldbrasse				
Dornhai	Aiguillat	Spiny dogfish, spur-dog	Spinarolo	Mielga
Dorsch s. Kabeljau				
Drachenkopf	Rascasse	Scorpion-fish	Scorfano	Rascacio, escórpora
Fangfrischer Fisch	Marée du jour	Catch of the day	Pesce di giornata	Pescado del día
Felchen	Corégone, lavaret	Whitefish, lavaret	Lavarello, coregone	Lavareto, corégono
Fischfilet, frittiert	Filet de poisson frit	Fried fish fillet	Filetto di pesce fritto	Filete de pescado frito
Fischfrikadellen	Fricadelles de poisson	Fish cakes	Polpette di pesce	Fricadelas de pescado
Fischfrikassee	Fricassée de poisson	Fish fricassee	Fricassea di pesce	Fricasé de pescado
Fischfrittüre	Friture de poisson	Mixed fried fish	Frittura di pesce	Fritura de pescado
Fischgrillade	Grillade de poissons	Fish grill	Grigliata di pesce	Parrillada de pescado
Fischmousse	Mousse de poisson	Fish mousse	Mousse di pesce	Mousse de pescado
Fischragout	Ragoût de poisson	Fish stew	Stufato di pesce	Ragú de pescado
Fischröllchen	Paupiettes de poisson	Fish rolls	Involtini di pesce	Rollitos de pescado
Fischspieße	Brochettes de poisson	Fish brochettes	Spiedini di pesce	Brochetas de pescado
Fischterrine	Terrine de poisson	Terrine of fish	Terrina di pesce	Terrina de pescado
Flunder	Flet	Flounder	Passera di mare	Platija
Flusskrebse s. Krebse				
Forelle	Truite	Trout	Trota	Trucha
~ in Aspik	~ en gelée	Trout in jelly	~ in gelatina	~ en gelatina
~ blau	~ au bleu	Boiled trout	~ bollita, ~ al blu	~ azulada, ~ hervida
~ in Folie	~ en papillote	Trout en papillote	~ al cartoccio	~ en papillote
~ frittiert	~ frite	Fried trout	~ fritta	~ frita
~ gefüllt	~ farcie	Stuffed trout	~ ripiena	~ rellena
~ geräuchert	~ fumée	Smoked trout	~ affumicata	~ ahumada

Fische und Schaltiere deutsch	**Poissons et crustacés** französisch	**Fish and shellfish** englisch	**Pesci e crostacei** italienisch	**Pescados y crustáceos** spanisch
Forelle mit Mandeln	Truite aux amandes	Trout amandine	Trota con le mandorle	Trucha con almendras
~ nach Müllerinart	~ meunière	~ meunière	~ alla mugnaia	~ a la molinera
~ in Rotwein	~ au vin rouge	~ in red wine	~ al vino rosso	~ al vino tinto
~ in Sahnesauce	~ à la crème	~ in cream sauce	~ alla panna	~ a la crema
Forellenbarsch	Perche truitée	Black bass	Persico trota	Perca atruchada
Froschschenkel	Cuisses de grenouilles	Frog legs	Rane, cosce di rana	Ranas, ancas de rana
~ gebacken	~ de grenouilles frites	Fried frog legs	Rane fritte	Ranas fritas
Garnelen	Crevettes (roses)	Prawns[1]	Gamberetti	Gambas
~ in Currysauce	~ au curry	Curried prawns	~ al curry	~ al curry
~ (Nordseekrabben)	Crevettes grises	Shrimps, shrimp	~ grigi	Quisquillas, camarones
Glasaale	Civelles, pibales	Elvers, silver eels	Anguillette	Angulas
Glattbutt	Barbue	Brill	Rombo liscio	Rémol
Glatthai	Émissole, moutelle	Smooth hound	Palombo	Musola
Goldbarsch s. Rotbarsch				
Goldbrasse	Daurade[2]	Gilthead	Orata	Dorada
~ gebraten	~ poêlée	Pan-fried gilthead	~ sauté	~ salteada
~ aus dem Ofen	~ au four	Baked gilthead	~ al forno	~ al horno
~ in der Salzkruste	~ au sel	Gilthead in salt crust	~ al sale	~ a la sal
Goldmakrele	Coriphène	Dolphin fish, dorado	Corifena, lampuga	Lampuga, dorado
Gründlinge	Goujons	Gudgeons	Ghiozzi di fiume, gobioni	Gobios
Haddock (geräucherter Schellfisch)	Haddock (aiglefin fumé)	Smoked haddock, finnan haddock	Haddock (eglefino affumicato)	Eglefino ahumado
Hecht	Brochet	Pike	Luccio	Lucio
~ in Weißbuttersauce	~ au beurre blanc	~ in white butter	~ al burro bianco	~ con mantequilla blanca
Hechtklößchen	Quenelles de brochet	Pike balls	Polpettine di luccio	Albondiguillas de lucio
Heilbutt	Flétan	Halibut	Ippoglosso, halibut	Halibut
~ vom Rost	~ grillé	Grilled halibut	~ ai ferri	~ a la parrilla

1) Am. shrimp - 2) dite aussi daurade royale

Fische und Schaltiere deutsch	Poissons et crustacés französisch	Fish and shellfish englisch	Pesci e crostacei italienisch	Pescados y crustáceos spanisch
Hering	Hareng	Herring	Aringa	Arenque
~ geräuchert	~ saur	Kipper	~ affumicata	~ ahumado
~ mariniert	~ mariné	Soused herring	~ marinata	~ en escabeche
Heringshai	Touille, taupe, lamie	Porbeagle[1]	Smeriglio	Cailón, marrajo
Heringskönig	Saint-pierre, dorée	John Dory	Pesce San Pietro	Pez de San Pedro
Herzmuscheln	Coques	Cockles	Cuori di mare	Berberechos
Heuschreckenkrebse	Squilles	Mantis shrimps, squills	Canocchie, cicale di mare	Galeras
Hornhecht	Orphie, aiguille de mer	Garfish, needlefish	Aguglia	Aguja
Huchen	Huchon[2]	Huchen, Danube salmon	Salmone del Danubio	Salmón del Danubio
Hummer	Homard	Lobster	Astice	Bogavante
~ auf amerikanische Art (in Tomatensauce)	~ à l'américaine (sauté aux tomates)	Lobster, American style (in rich tomato sauce)	~ all'americana (in salsa di pomodoro e cognac)	~ a la americana (en salsa de tomate y coñac)
~ in Aspik	Aspic de homard	~ in aspic	~ in gelatina	~ en gelatina
~ flambiert	Homard flambé	~ flambé	~ alla fiamma	~ flameado
~ Thermidor (Hummerfleisch in der Schale überbacken)	~ thermidor (escalopes gratinées dans la carapace)	~ thermidor (lobster meat baked in the lobster shell)	~ alla termidoro (fette d'astice gratinate nella corazza)	~ Termidor (carne de bogavante gratinada en el caparazón)
Hummerkrabben	Crevettes rouges, gambas	King prawns	Gamberoni, spannocchi	Langostinos
Hummermayonnaise	Mayonnaise de homard	Lobster mayonnaise	Maionese d'astice	Mayonesa de bogavante
Hummermedaillon	Médaillon de homard	Lobster medallion	Medaglione d'astice	Medallón de bogavante
Jakobsmuscheln	Coquilles Saint-Jacques	Scallops	Capesante	Vieiras
Kabeljau	Cabillaud	Cod, codfish	Merluzzo	Bacalao (fresco)
~ frittiert	~ frit	Fried cod	~ fritto	Bacalao frito
~ mit Petersiliensauce	~ sauce persil	Boiled cod parsley sauce	~ con salsa al prezzemolo	~ con salsa de perejil
Kaisergranat s. Scampi				
Kalmare	Calmars, encornets	Squids, calamaries	Calamari	Calamares
~ frittiert	Friture de calmars	Fried squids	~ fritti	~ fritos
~ (kleine Kalmare)	Supions	Little squids	Calamaretti	Chipirones

1) also mackerel shark – 2) ou saumon de Danube

Fische und Schaltiere deutsch	**Poissons et crustacés** französisch	**Fish and shellfish** englisch	**Pesci e crostacei** italienisch	**Pescados y crustáceos** spanisch
Kammmuscheln	Pétoncles, vanneaux	Queen scallops	Canestrelli, pettini	Volandeiras, zamburiñas
Karausche	Carassin	Crucian	Carassio	Carpín
Karpfen	Carpe	Carp	Carpa	Carpa
~ in Bier	~ à la bière	~ in beer sauce	~ alla birra	~ con cerveza
~ gebacken	~ frite	Fried carp	~ fritta	~ frita
Karpfenmilch	Laitances de carpe	Soft roe of carp	Latte di carpa	Lechas de carpa
Katfisch s. Seewolf				
Katzenhai	Roussette, saumonette	Dogfish, rough hound	Gattuccio	Pintarroja
Kaulköpfe	Chabots	Miller's thumbs, bullheads	Scazzoni, magnaroni	Cotos
Klaffmuscheln	Myes, clanques	Soft-shell clams	Vongole	Almejas
Kliesche	Limande	Dab	Limanda	Lengua
Knurrhahn	Grondin	Gurnard, gurnet	Pesce cappone, gallinella	Rubio
Köhler s. Seelachs				
Krabben (Nordsee-)	Crevettes grises	Brown shrimps	Gamberetti grigi	Quisquillas, camarones
~ (Zehnfußkrebse)	Crabes	Crabs	Granchi	Cangrejos de mar
Krake	Poulpe, pieuvre	Octopus	Polpo	Pulpo
~ in Vinaigrette	Poulpe en vinaigrette	Octopus vinaigrette sauce	Polpo in insalata	Pulpo en vinagreta
Krebse	Écrevisses	Crayfish	Gamberi (di fiume)	Cangrejos de río
~ im Sud	~ à la nage	Crayfish in their broth	~ nel loro brodo	Cangrejos en su caldo
Lachs	Saumon	Salmon	Salmone	Salmón
~ in Blätterteig	Feuilleté de saumon	Salmon millefeuille	~ in crosta	~ en hojaldre
~ in Champagner	Saumon au champagne	Salmon in champagne	~ allo champagne	~ al champaña
~ in Dillmarinade	~ mariné à l'aneth	Dill marinated salmon	~ marinato all'aneto	~ marinado a l'eneldo
~ pochiert	~ poché	Poached salmon	~ lesso	~ cocido
~ vom Rost	~ grillé	Grilled salmon	~ ai ferri	~ emparrillado
~ in Salzkruste	~ en croûte de sel	Salmon in salt crust	~ al sale	~ a la sal
Lachscarpaccio	Carpaccio de saumon	Salmon carpaccio	Carpaccio di salmone	Carpaccio de salmón

Fische und Schaltiere deutsch	**Poissons et crustacés** französisch	**Fish and shellfish** englisch	**Pesci e crostacei** italienisch	**Pescados y crustáceos** spanisch
Lachsforelle	Truite saumonée	Salmon trout	Trota salmonata	Trucha salmonada
Lachsmedaillon	Médaillon de saumon	Salmon medallion	Medaglione di salmone	Medallón de salmón
Lachspastete (warm)	Pâté de saumon en croûte	Salmon pie	Pâté di salmone in crosta	Pastel de salmón
Lachsröllchen	Paupiettes de saumon	Salmon roulades	Involtini di salmone	Rollitos de salmón
Lachssteak	Darne de saumon	Salmon steak	Cotoletta di salmone	Escalope de salmón
Lachstatar	Tartare de saumon	Salmon tartare	Tartara di salmone	Salmón a la tártara
Languste	Langouste	Spiny lobster[1)]	Aragosta	Langosta
~ Bellevue (in Aspik)	~ en bellevue (en gelée)	Spiny lobster en bellevue	~ in bella vista	~ a la parisiense
~ katalanisch	~ à la catalane	Lobster in the Catalan style	~ alla catalana	~ a la catalana
~ mit Mayonnaise	~ à la mayonnaise	Spiny lobster mayonnaise	Aragosta con maionese	Langosta con mayonesa
Langustenmedaillons	Médaillons de langouste	Spiny lobster medallions	Medaglioni di aragosta	Medallones de langosta
Lengfisch	Lingue, julienne	Ling	Molva	Maruca, arbitán
Limande	Limande	Dab	Limanda	Lengua
Lippfisch	Vieille, labre	Wrasse	Tordo di mare, labro	Labro, merlo
Lotte s. Seeteufel				
Loup de mer s. Wolfsbarsch				
Maifisch	Alose	Shad, allice shad	Cheppia, alosa	Sábalo, alosa
Makrele	Maquereau	Mackerel	Sgombro	Caballa
~ in Folie	~ en papillote	~ en papillote	~ al cartoccio	~ en papillote
~ mit brauner Buttersauce	~ au beurre noir	~ with black butter sauce	~ al burro nero	~ con mantequilla negra
Maräne	Marène, corégone	Whitefish	Marena, coregone	Corégono
Meeraal	Congre	Conger eel	Grongo	Congrio
Meeräsche	Mulet, muge	Grey mullet	Cefalo, muggine	Mujol, pardete
Meerbarbe	Rouget, rouget-barbet	Red mullet, Am. goatfish	Triglia	Salmonete
~ in Folie	Rouget en papillote	Red mullet en papillote	~ al cartoccio	~ en papillote
~ gegrillt	Rouget grillé	Grilled red mullet	~ in gratella	~ emparrillado
~ (Streifenbarbe)	Rouget de roche, surmulet	Surmullet	Triglia di scoglio	Salmonete de roca

1) also rock lobster and crawfish

Fische und Schaltiere deutsch	**Poissons et crustacés** französisch	**Fish and shellfish** englisch	**Pesci e crostacei** italienisch	**Pescados y crustáceos** spanisch
Meerbrasse	Pagre	Sea-bream	Pagro	Pargo, pagro
Meerdatteln	Dattes de mer	Date-shells	Datteri di mare	Dátiles de mar
Meeresfrüchte	Fruits de mer	Seafood, shellfish	Frutti di mare	Mariscos
Meerforelle	Truite de mer	Sea trout	Trota di mare	Trucha de mar
Meerohren	Ormeaux, oreilles de mer	Ormers, abalones, sea ears	Orecchie di mare	Orejas de mar
Meerspinnen	Araignées de mer	Spider crabs	Grancevole, granceole	Centollos, centollas
Merlan	Merlan	Whiting	Merlano, merlango	Merlán[1]
~ frittiert	~ frit	Fried whiting	~ fritto	Merlán frito
~ in Weißwein	~ au vin blanc	Whiting in white wine	~ al vino bianco	~ al vino blanco
Messermuscheln	Couteaux	Razor shells, razor clams	Cannolicchi, cappelunghe	Navajas
Miesmuscheln	Moules	Mussels	Cozze, mitili	Mejillones
~ gratiniert	~ au gratin	~ au gratin	Cozze gratinate	~ al gratén
~ nach Matrosenart	~ marinières (au vin blanc)	~ in white wine	Cozze alla marinara	~ a la marinera
~ in Sahnesauce	~ à la crème	~ with cream sauce	Cozze alla panna	~ a la crema
Muräne	Murène	Moray eel	Murena	Morena, murena
Napfschnecken	Patelles	Limpets	Patelle	Lapas
Neunauge	Lamproie	Lamprey	Lampreda	Lamprea
Nordseekrabben	Crevettes grises	Brown shrimps	Gamberetti grigi	Quisquillas, camarones
Octopus s. Krake				
Ostseelachs	Saumon de la Baltique	Salmon of the Baltic Sea	Salmone del Baltico	Salmón del Báltico
Petermännchen	Vive	Weever	Trachino, pesce ragno	Araña
Petersfisch	Saint-pierre, dorée	John Dory	Pesce San Pietro	Pez de San Pedro[2]
Pilgermuscheln	Coquilles Saint-Jacques	Scallops	Capesante	Vieiras
Plötze	Gardon	Roach	Leucisco	Bermejuela
Pollack	Lieu jaune, merlan jaune	Pollack, green cod	Merlano giallo	Abadejo
Portugiesische Austern	Huîtres portugaises	Portuguese oysters	Ostriche portoghesi	Ostras portuguesas
Quahogmuscheln	Clams	Round clams, quahogs	Vongole	Almejas
Quappe s. Trüsche				

1) o plegonero - 2) o San Pedro

Fische und Schaltiere deutsch	**Poissons et crustacés** französisch	**Fish and shellfish** englisch	**Pesci e crostacei** italienisch	**Pescados y crustáceos** spanisch
Ragout von Flusskrebsen	Ragoût d'écrevisses	Crayfish stew	Ragù di gamberi di fiume	Ragú de cangrejos de río
Regenbogenforelle	Truite arc-en-ciel	Rainbow trout	Trota arcobaleno	Trucha arco iris
Renke	Lavaret, corégone	Whitefish	Lavarello, coregone	Lavareto, corégono
Rheinsalm	Saumon du Rhin	Rhine salmon	Salmone del Reno	Salmón del Rin
Riesengarnelen	Crevettes rouges, gambas	King prawns	Gamberoni, spannocchi	Langostinos
Rochen	Raie	Skate, ray	Razza	Raya
~ mit Kapernsauce	~ sauce aux câpres	Boiled skate caper sauce	~ con salsa di capperi	~ con alcaparras
~ mit schwarzer Butter	~ au beurre noir	Skate with black butter	~ al burro nero	~ con mantequilla negra
Rogen	Œufs de poisson	Roe, hard roe	Uova di pesce	Huevas
Rotauge s. Plötze				
Rotbarbe s. Meerbarbe				
Rotbarsch	Rascasse du Nord[1]	Redfish, rosefish[2]	Sebaste, scorfano atlantico	Gallineta
Rotbarschfilet, frittiert	Filet de rascasse frit	Fried redfish fillet	Filetto di sebaste fritto	Filete de gallineta frito
Rotbrasse	Pageau, pageot, pagel	Red sea-bream	Pagello, fragolino	Besugo, pagel
Rotzunge	Limande-sole	Lemon sole	Limanda	Mendo
Roulade vom Zander	Roulade de sandre	Pike-perch roll	Rotolo di lucioperca	Rollo de lucioperca
Saibling (Seesaibling)	Omble chevalier	Char	Salmerino	Salvelino
~ aus dem Ofen	Omble chevalier au four	Oven-cooked char	Salmerino al forno	Salvelino al horno
~ sautiert	Omble chevalier sauté	Char sauté	Salmerino sauté	Salvelino salteado
Sandfelchen	Féra	Whitefish, féra, farra	Coregone bianco	Farra
Sardellen	Anchois	Anchovies	Acciughe, alici	Boquerones, anchoas
Sardinen	Sardines	Sardines, pilchards	Sardine, sarde	Sardinas
Scampi	Langoustines, scampi	Scampi, Norway lobsters[3]	Scampi	Cigalas
~ mit Curry	Langoustines au curry	Curried scampi	Scampi al curry	Cigalas al curry
~ frittiert	Langoustines frites	Fried scampi	Scampi fritti	Cigalas fritas
Scheidenmuscheln	Couteaux	Razor shells, razor clams	Cannolicchi, cappelunghe	Navajas
Schellfisch	Églefin, aiglefin	Fresh haddock	Eglefino	Eglefino
Schildkröte	Tortue	Turtle	Tartaruga	Tortuga

1) ou chèvre - 2) also Norway haddock - 3) also Dublin Bay prawns

Fische und Schaltiere deutsch	**Poissons et crustacés** französisch	**Fish and shellfish** englisch	**Pesci e crostacei** italienisch	**Pescados y crustáceos** spanisch
Schill s. Zander				
Schleie	Tanche	Tench	Tinca	Tenca
~ überbacken	~ gratinée	~ au gratin	~ gratinata	~ al gratén
Schmerle	Loche franche	Loach	Cobite	Locha, lobo
Schnäpel	Lavaret, corégone	Whitefish, houting	Lavarello, coregone	Lavareto, farra
Schnecken	Escargots	Snails	Lumache	Caracoles
Scholle	Plie, carrelet	Plaice	Platessa, passera	Platija, solla
Schwertfisch	Espadon	Swordfish	Pesce spada	Pez espada, emperador
Seebarsch s. Wolfsbarsch				
Seeforelle	Truite de lac	Lake trout	Trota di lago	Trucha de lago
~ vom Grill	Truite de lac grillée	Grilled lake trout	~ di lago alla griglia	~ de lago a la parrilla
Seehecht	Colin, merlu	Hake	Nasello, merluzzo	Merluza[1]
~ in Butter gebraten	Colin meunière	Hake meunière	Nasello al burro	~ a la molinera
~ pochiert	Colin poché	Poached hake	Nasello lesso	~ cocida
Seehechtfilets	Filets de colin	Fillets of hake	Filetti di nasello	Filetes de merluza
Seeigel	Oursins	Sea urchins	Ricci di mare	Erizos de mar
Seelachs	Lieu noir, colin	Coalfish, coley, saithe	Merlano nero	Carbonero
Seelachsspieß	Lieu noir en brochette	Coalfish kebab	Spiedino di merlano nero	Brocheta de carbonero
Seequappe	Loche de mer, motelle	Rockling	Motella	Bertorella, lota
Seeteufel	Lotte (de mer), baudroie	Angler-fish, frogfish	Pescatrice, coda di rospo	Rape[2]
~ vom Grill	Lotte grillée	Broiled angler-fish	Pescatrice alla griglia	Rape a la parrilla
Seeteufelmedaillon	Médaillon de lotte	Angler-fish medallion	Medaglione di pescatrice	Medallón de rape
Seewolf	Loup atlantique	(Sea-)catfish, wolffish[3]	Pesce lupo, lupo di mare	Lobo de mar
Seezunge	Sole	Sole	Sogliola	Lenguado
~ frittiert	Sole frite	Fried sole	Sogliola fritta	Lenguado frito
~ gedämpft	~ à la vapeur	Steamed sole	~ al vapore	~ al vapor
~ gegrillt	~ grillée	Grilled sole	~ alla griglia	~ a la parrilla
~ gratiniert	~ au gratin, ~ mornay	Sole mornay	~ gratinata	~ al gratén

1) o pescada - 2) o pejesapo - 3) also rock salmon

Fische und Schaltiere deutsch	**Poissons et crustacés** französisch	**Fish and shellfish** englisch	**Pesci e crostacei** italienisch	**Pescados y crustáceos** spanisch
Seezunge nach Müllerinart	Sole à la meunière	Sole meunière	Sogliola alla mugnaia	Lenguado a la molinera
~ in Salzkruste	~ en croûte de sel	Sole in salt crust	~ al sale	~ a la sal
~ auf Spinat	~ à la florentine	Sole Florentine	~ agli spinaci	~ con espinacas
Seezungenfilets	Filets de sole	Fillets of sole	Filetti di sogliola	Filetes de lenguado
~ Orly (frittierte Filets)	~ de sole Orly (filets frits)	~ of sole Orly (deep-fried)	~ di sogliola Orly	~ de lenguado fritos
~ in Weißwein	~ de sole au vin blanc	Sole fillets in white wine	~ di sogliola al vino bianco	~ de lenguado al vino blanco
Seezungenröllchen	Paupiettes de sole	Sole roulades	Involtini di sogliola	Rollitos de lenguado
Shrimps s. Krabben				
Spiegelkarpfen	Carpe miroir	Mirror carp	Carpa a specchio	Carpa de espejo
Sprotten	Sprats, melettes	Sprats	Spratti, papaline	Espadines
~ (Kieler Sprotten)	Sprats fumés	Smoked sprats	Spratti affumicati	~ ahumados
Stachelschnecken	Rochers épineux	Murices	Murici, garusoli	Cañadillas
Steinbeißer	Loche de rivière	Loach	Cobite	Locha, lisa
Steinbutt	Turbot	Turbot	Rombo	Rodaballo
~ geschmort	~ braisé	Braised turbot	Rombo brasato	~ estofado
~ vom Grill	~ grillé	Grilled turbot	Rombo grigliato	~ a la parrilla
~ pochiert	~ poché	Poached turbot	Rombo lesso	~ cocido
~ überbacken	~ gratiné	Turbot au gratin	Rombo gratinato	~ gratinado
~ in Weißwein	~ au vin blanc	Turbot in white wine	Rombo al vino bianco	~ al vino blanco
Steinbuttroulade	Roulade de turbot	Turbot roulade	Rotolo di rombo	Rollo de rodaballo
Steinbuttsoufflé	Soufflé de turbot	Turbot soufflé	Soufflé di rombo	Soufflé de rodaballo
Steindatteln	Dattes de mer	Date-shells	Datteri di mare	Dátiles de mar
Sterlet	Sterlet	Sterlet	Sterletto	Esturión
Stint	Éperlan	Smelt	Sperlano, eperlano	Eperlano
Stintspießchen	Éperlans en brochettes	Smelt brochettes	Spiedini di sperlani	Brochetas de eperlanos
Stöcker	Saurel, chinchard	Horse mackerel, scad	Sugherello, suro	Jurel

Fische und Schaltiere deutsch	Poissons et crustacés französisch	Fish and shellfish englisch	Pesci e crostacei italienisch	Pescados y crustáceos spanisch
Stockfisch	Morue	Salt cod, stockfish	Baccalà, stoccafisso	Bacalao (seco)
~ in Rahmsauce	~ à la crème	~ cod in cream	~ alla crema	~ a la crema
Stockfisch-Brandade (Stockfischpüree)	Brandade de morue (purée de morue)	Brandade of salt cod (purée of salt cod)	~ mantecato (crema di baccalà)	Brandada de bacalao (puré de bacalao)
Stockfischragout	Morue en ragoût	Ragout of salt cod	~ in umido	Bacalao en ragú
Stör	Esturgeon	Sturgeon	Storione	Esturión
~ geräuchert	Esturgeon fumé	Smoked sturgeon	Storione affumicato	Esturión ahumado
Störschnitte vom Grill	Darne d'esturgeon grillée	Grilled sturgeon steak	Trancia di storione ai ferri	Esturión a la parrilla
Strandkrabben	Crabes, crabes verts	Shore crabs, green crabs	Granchi	Cámbaros, cangrejos de mar
Strandschnecken	Bigorneaux, vignots	Periwinkles, winkles	Lumache di mare	Bígaros
Streifenbarbe	Rouget de roche, surmulet	Striped surmullet	Triglia di scoglio	Salmonete de roca
Taschenkrebs	Tourteau	Crab	Granciporro	Buey de mar[1]
Teppichmuscheln	Clovisses, palourdes	Carpet shells, venus clams	Vongole, arselle	Almejas
Thunfisch[2]	Thon	Tuna, tuna fish, tunny	Tonno	Atún
~ geschmort mit Champignons	~ braisé aux champignons	Braised tuna with mushrooms	~ in umido coi funghi	~ estofado con champiñones
~ vom Grill	~ grillé	Grilled tuna fish	~ ai ferri	~ a la parrilla
Tintenfische	Seiches	Cuttlefish	Seppie	Jibias
~ gefüllt	Seiches farcies	Stuffed cuttlefish	Seppie ripiene	Jibias rellenas
~ (kleine Tintenfische)	Chipirons, sépioles	Small cuttlefish	Seppiette	Chipirones
Tintenfischspieße	Seiches en brochettes	Cuttlefish brochettes	Spiedini di seppie	Brochetas de jibias
Trüsche	Lotte de rivière	Burbot, eelpout	Bottatrice	Lota
Ukeleie	Ablettes	Bleaks	Alborelle	Albures
~ gebacken	Friture d'ablettes	Fried bleaks	Alborelle fritte	Albures fritos
Umberfisch	Ombrine	Croaker, drumfish	Ombrina	Verrugato
Venusmuscheln	Praires	Venus clams, venus shells	Tartufi di mare	Escupiñas, verigüetos
~ (Teppichmuscheln)	Palourdes, clovisses	Carpet shells, venus clams	Vongole, arselle	Almejas

1) o masera - 2) auch Tunfisch

Fische und Schaltiere deutsch	Poissons et crustacés französisch	Fish and shellfish englisch	Pesci e crostacei italienisch	Pescados y crustáceos spanisch
Waller s. Wels				
Weißfelchen	Féra	Whitefish	Coregone bianco	Farra, lavareto
Weißfischchen	Blanchailles, poutines	Whitebaits	Bianchetti, gianchetti	Chanquetes
~ frittiert	Friture de blanchailles	Fried whitebaits	Frittura di bianchetti	Fritura de chanquetes
Wels	Silure glane	Catfish, wels, sheatfish	Siluro	Siluro
Wildlachs	Saumon sauvage	Wild salmon	Salmone selvaggio	Salmón salvaje
Wittling s. Merlan				
Wolfsbarsch	Bar, loup (de mer)	Sea bass, bass	Branzino, spigola	Lubina
~ mit Kräutern	Bar aux herbes	Sea bass with herbs	Branzino alle erbe	Lubina con hierbas
~ nach Müllerinart	Bar meunière	Sea bass meunière	~ alla mugnaia	~ a la molinera
~ pochiert	Bar poché	Poached sea bass	~ lesso	~ cocida
~ in Salzkruste	Bar au sel	Bass in salt crust	~ al sale	~ a la sal
Wrackbarsch	Cernier[1]	Stonebass, wreckfish	Cernia di scoglio	Cherna
Zackenbarsch	Mérou	Grouper	Cernia	Mero
Zahnbrasse	Denté	Dentex	Dentice	Dentón
Zander	Sandre, perche-brochet	Pike-perch	Lucioperca[2]	Lucioperca
~ gefüllt	Sandre farci	Stuffed pike-perch	~ farcita	~ rellena
~ vom Grill	~ grillé	Grilled pike-perch	~ alla griglia	~ a la parrilla
~ überbacken	~ au gratin	Pike-perch au gratin	~ al gratin	~ al gratén
Zanderfilets	Filets de sandre	Pike-perch fillets	Filetti di lucioperca	Filetes de lucioperca
Zanderfrikassee	Fricassée de sandre	Pike-perch fricassee	Fricassea di lucioperca	Fricasé de lucioperca
Zitterrochen	Torpille, raie électrique	Electric ray, torpedo fish	Torpedine	Torpedo
Zuchtforellen	Truites d'élevage	Farmed trouts	Trote d'allevamento	Truchas de vivero
Zuchtmuscheln	Moules de bouchot	Farmed mussels	Cozze d'allevamento	Mejillones de vivero
Zwergwels	Poisson-chat[3]	Catfish	Pesce gatto	Siluro

1) ou mérou des Basques - 2) o sandra - 3) dit aussi silure nain

Fleisch

Fleisch deutsch	**Viandes** französisch	**Meat** englisch	**Carni** italienisch	**Carnes** spanisch
Fohlen	Poulain	Colt	Puledro	Potro
Hammelfleisch	Mouton	Mutton	Montone, castrato	Carnero
Kalbfleisch	Veau	Veal	Vitello	Ternera
Kitz s. Zicklein				
Lammfleisch	Agneau	Lamb	Agnello	Cordero
Milchlamm	Agneau de lait	Spring lamb, baby lamb	Agnello di latte	Cordero lechal, lechazo, ternasco
Mufflon	Mouflon	Moufflon, mouflon	Muflone	Muflón
Pferdefleisch	Cheval	Horse	Cavallo	Caballo
Rindfleisch	Bœuf	Beef	Manzo	Vaca, buey
Schöpsenfleisch	Mouton	Mutton	Montone, castrato	Carnero
Schweinefleisch	Porc	Pork	Maiale	Cerdo
Spanferkel	Chochon de lait, porcelet	Sucking pig	Maialino di latte	Cochinillo, lechón, (gebratenes: tostón)
Strauß	Autruche	Ostrich	Struzzo	Avestruz
Zicklein	Chevreau, cabri	Kid	Capretto	Cabrito, choto

Fleischgerichte deutsch	**Plats de viande** französisch	**Meat dishes** englisch	**Piatti di carne** italienisch	**Platos de carne** spanisch
Beefsteak	Bifteck, steak	Beefsteak, steak	Bistecca (di manzo)	Bistec, steak
~ garniert	Bifteck garni	Steak with vegetables	Bistecca con contorno	Bistec con guarnición
~ vom Grill	Bifteck grillé	Grilled steak	Bistecca ai ferri	Bistec a la parrilla
~ mit Spiegelei	Steak à cheval (avec un œuf poêlé dessus)	Beefsteak with a fried egg	~ alla Bismarck (con un uovo sopra)	Bistec a caballo (con un huevo al plato)
Beuschel von Lamm	Fressure d'agneau	Lamb pluck	Interiora d'agnello	Asaduras de cordero
Blutwurst	Boudin noir	Black pudding[1]	Sanguinaccio	Morcilla
Bœuf bourguignon (Rinderragout in Rotwein)	Bœuf bourguignon	Beef bourguignon (beef stew in red wine)	Manzo alla borgognona (stufato nel vino rosso)	Vaca a la borgoñona (estofado al vino tinto)
~ à la mode (Rinderschmorbraten)	Bœuf à la mode (bœuf braisé)	Beef à la mode (braised beef)	Manzo alla moda (manzo brasato)	Vaca a la moda (estofado de vaca)
Bratwürste vom Grill	Saucisses grillées	Grilled pork sausages	Salsicce ai ferri	Salchichas a la parrilla
Bries	Ris (de veau)	Sweetbreads	Animelle	Mollejas
Buletten	Boulettes, fricadelles	Meatballs, meat cakes	Polpette di carne	Albóndigas de carne
Carpaccio	Carpaccio	Beef carpaccio	Carpaccio	Carpaccio de carne
Chateaubriand (doppelt dickes Filetsteak)	Chateaubriand (ou châteaubriant)	Chateaubriand (double thick fillet steak)	Chateaubriand (bistecca doppia di filetto)	Chateaubriand (filete doble de solomillo)
Cordon bleu (Kalbsschnitzel mit Schinken-Käsefüllung)	Escalope de veau Cordon bleu (farcie de jambon et de fromage)	Escalope of veal Cordon bleu (filled wiht ham & cheese)	Scaloppina Cordon bleu (farcita di prosciutto e formaggio)	Escalope Cordon bleu (relleno de jamón y queso)
Doppeltes Entrecote	Entrecôte double	Double sirloin steak	Costata doppia	Entrecot doble
Eingemachtes Kalbfleisch	Fricassée de veau	Veal fricassee	Fricassea di vitello	Ternera en salsa blanca
Eintopfgericht	Plat unique	Single-dish meal	Piatto unico	Plato único
Eisbein	Jambonneau	Leg of pork (pickled)	Zampetto di maiale	Codillo de cerdo
~ mit Erbsenpüree	~ à la purée de pois	Leg of pork and pea purée	~ di maiale con purè di piselli	~ de cerdo con puré de guisantes
~ mit Sauerkraut	~ à la choucroute	~ of pork with sauerkraut	~ di maiale con crauti	~ de cerdo con chucrut

1) also blood sausage

Fleischgerichte deutsch	**Plats de viande** französisch	**Meat dishes** englisch	**Piatti di carne** italienisch	**Platos de carne** spanisch
Entrecote	Entrecôte	Entrecôte[1]	Costata di manzo	Entrecot
~ vom Grill mit Kräuterbutter	~ grillée maître d'hôtel	Grilled entrecôte with parsley butter	~ alla griglia con burro maître d'hôtel	~ a la parrilla maître d'hôtel
~ mit Kresse	~ vert pré (au cresson)	Entrecôte steak with cress	~ con crescione	~ con berros
~ nach Lyoner Art (mit Zwiebeln)	~ à la lyonnaise (aux oignons)	Entrecôte lyonnaise (with fried onions)	~ alla lionese (con cipolle)	~ a la lionesa (con cebollas)
~ nach Tiroler Art (mit Zwiebeln und Tomaten)	~ tyrolienne (aux tomates et aux oignons frits)	Tyrolean steak (with tomatoes & onions)	~ alla tirolese (con pomodori e cipolle)	~ a la tirolesa (con tomates y cebollas)
~ nach Weinhändlerart (in Rotweinsauce)	~ marchand de vin (au vin rouge)	Sirloin steak in red wine sauce	~ al vino rosso	~ en salsa de vino tinto
Filetgulasch Stroganow (in saurer Sahne)	Bœuf Stroganov (à la crème aigre)	Beef Stroganoff (in sour cream sauce)	Manzo alla Stroganov (con panna acida)	Buey Stroganov (en crema agria)
Filetsteak	Filet-steak	Fillet steak	Bistecca di filetto	Bistec de solomillo[2]
Flämische Karbonaden (Rinderschnitzel in Bier geschmort)	Carbonnades à la flamande (tranches de bœuf à la bière)	Flemish stew (slices of beef stewed in beer)	Carbonata alla fiamminga (fette di manzo brasate nella birra)	Carbonada flamenca (bistecs braseados en cerveza)
Fleisch vom Holzkohlengrill	Grillades au feu de bois	Charbroiled meats	Carni alla brace	Carnes a la brasa
Fleischfondue	Fondue bourguignonne	Fondue bourguignonne	Fondue bourguignonne	Fondue borgoñón
Fleischklöße	Boulettes, fricadelles	Meatballs	Polpette di carne	Albóndigas de carne
Fohlensteak	Steak de poulain	Colt steak	Bistecca di puledro	Steak de potro
Frankfurter Würstchen	Saucisses de Francfort	Frankfurters	Würstel	Salchichas de Frankfurt
Frikadellen	Boulettes, fricadelles	Meatballs, meat cakes	Polpette di carne	Albóndigas de carne
Frühlingsrolle	Rouleau de printemps	Spring roll, egg roll	Involtino primavera	Rollo de primavera
Gekochtes Rindfleisch	Bouilli de bœuf	Boiled beef	Bollito di manzo	Carne del cocido
Geschnetzeltes (Kalbs~) in Sahnesauce	Émincé de veau à la crème	Creamed sliced veal	Striscioline di vitello alla panna	Tiras de ternera a la crema
Geselchtes	Viande fumée	Smoked meat	Carne affumicata	Carne ahumada

1) also entrecôte steak and sirloin steak - 2) o filete

Fleischgerichte deutsch	Plats de viande französisch	Meat dishes englisch	Piatti di carne italienisch	Platos de carne spanisch
Grenadins (gespickte Kalbsschnitzel)	Grenadins de veau (escalopes piquées)	Grenadines (braised larded slices of veal)	Grenadine (scaloppine lardellate)	Escalopes mechados
Grieben	Grattons, frittons	Cracklings	Ciccioli	Chicharrones
Grillgerichte	Grillades	Grilled meats	Carni alla griglia	Parrillada de carne
Grill-Steak	Steak grillé	Grilled steak	Bistecca ai ferri	Bistec a la parrilla
Gulasch, ungarisch	Goulache à la hongroise	Hungarian goulash	Gulasch all' ungherese	Gulasch húngaro
Hackbällchen	Boulettes	Meatballs	Polpette	Albóndigas
Hackbraten	Rôti haché[1]	Meatloaf	Polpettone arrosto	Rollo de carne picada
Hamburger	Hamburger	Hamburger	Hamburger	Hamburguesa
Hammelbraten	Rôti de mouton	Roast mutton	Arrosto di montone	Asado de carnero
Hammelkeule	Gigot de mouton	Leg of mutton	Cosciotto di montone	Pierna de carnero
~ nach Bäckerinart	~ de mouton boulangère	Roast leg of mutton	~ di montone alla fornaia	~ de carnero a la panadera
~ geschmort	~ de mouton braisé	Braised leg of mutton	~ di montone brasato	~ de carnero braseada
Hammelkotelett	Côtelette de mouton	Mutton chop	Costoletta di montone	Chuleta de carnero
Hammelragout	Ragoût de mouton	Mutton stew	Stufato di montone	Estofado de carnero
Hammelrücken	Selle de mouton	Saddle of mutton	Sella di montone	Silla de carnero
Hirn mit Ei	Cervelle de veau à l'œuf	Calf's brains with egg	Cervello di vitello all'uovo	Sesos con huevo
~ gebacken	Cervelle de veau frite	Fried calf's brains	Cervello fritto	Sesos fritos
Hirnbeignets	Fritots de cervelle	Brain fritters	Frittelle di cervella	Buñuelos de sesos
Holstein-Schnitzel (mit Setzei und Sardellenfilets)	Escalope de veau Holstein (garnie œuf poêlé et filets d'anchois)	Escalope of veal Holstein (with a fried egg and anchovy fillets)	Scaloppina alla Holstein (con filetti d'acciuga e un uovo)	Escalope Holstein (con un huevo al plato y filetes de anchoas)
Innereien	Fressure	Pluck	Interiora	Asaduras
Irishstew (Eintopf aus Hammelfleisch)	Irish stew (ragoût de mouton)	Irish stew (mutton stew with onion & potato)	Irish stew (stufato di montone)	Irish stew (estofado de carnero)
Jägerschnitzel	Escalope de veau chasseur	Escalope of veal chasseur	Scaloppina alla cacciatora	Escalope a la cazadora
Kaiserfleisch	Viande de porc fumée	Smoked pork meat	Carne di maiale affumicata	Carne ahumada

1) dit aussi pain de viande

Fleischgerichte deutsch	**Plats de viande** französisch	**Meat dishes** englisch	**Piatti di carne** italienisch	**Platos de carne** spanisch
Kalbfleischgalantine	Galantine de veau	Veal galantine	Galantina di vitello	Galantina de ternera
Kalbfleischpastete	Pâté de veau en croûte	Veal pie	Pâté di vitello in crosta	Pastel de ternera
Kalbfleischröllchen	Paupiette de veau	Veal roulade	Involtino di vitello	Rollito de ternera
Kalbfleischterrine	Terrine de veau	Terrine of veal	Terrina di vitello	Terrina de ternera
Kalbsbraten	Rôti de veau	Roast veal	Arrosto di vitello	Asado de ternera
Kalbsbries	Ris de veau	Calf's sweetbreads	Animelle di vitello	Mollejas[1] de ternera
~ in Blätterteig	Mille-feuille de ris de veau	Sweetbread millefeuille	~ in crosta	~ en hojaldre
~ mit Champignons	Ris de veau aux champignons	Calf's sweetbreads with mushrooms	~ coi funghi	~ de ternera con champiñones
~ mit Erbsen	~ de veau Clamart	Sweetbreads with peas	~ coi piselli	~ con guisantes
Kalbsbrust, gefüllt	Poitrine de veau farcie	Stuffed breast of veal	Petto di vitello farcito	Pecho de ternera relleno
Kalbsbrustknorpel	Tendrons de veau	Calf's gristle	Tenerume di vitello	Ternillas de ternera
Kalbsfilet	Filet de veau	Fillet of veal	Filetto di vitello	Solomillo de ternera
~ gespickt	Filet de veau piqué	Larded fillet of veal	~ di vitello lardellato	~ de ternera mechado
Kalbsfrikadellen	Fricadelles de veau	Veal meatballs	Polpette di vitello	Albóndigas de ternera
Kalbsfrikandeau	Fricandeau (de veau)	Fricandeau of veal	Fricandò di vitello	Fricandó de ternera
Kalbsfrikassee	Fricassée de veau	Veal fricassee	Fricassea di vitello	Fricasé de ternera
~ altmodisch	Fricassée de veau à l'ancienne	Old-fashioned veal fricassee	Fricassea di vitello all'antica	Fricasé de ternera a la antigua
Kalbsfüße, gebacken	Pieds de veau frits	Fried calf's feet	Piedini di vitello fritti	Pies de ternera fritos
~ vom Rost	Pieds de veau grillés	Grilled calf's feet	~ di vitello grigliati	~ de ternera a la parrilla
Kalbsgulasch	Goulache de veau	Veal goulash	Gulasch di vitello	Gulasch de ternera
Kalbshaxe	Jarret de veau	Veal shank	Stinco di vitello	Jarrete de ternera
~ geschmort	~ de veau braisé	Braised veal shank	Stinco di vitello brasato	~ de ternera estofado
Kalbsherz vom Grill	Cœur de veau grillé	Grilled calf's heart	Cuore di vitello ai ferri	Corazón de ternera a la parrilla
Kalbshirn	Cervelle de veau	Calf's brains	Cervello di vitello	Sesos de ternera
~ frittiert	~ frite	Fried calf's brains	Cervello fritto	~ fritos

1) o lechecillas

Fleischgerichte deutsch	Plats de viande französisch	Meat dishes englisch	Piatti di carne italienisch	Platos de carne spanisch
~ Kalbshirn gebraten	~ Cervelle à la meunière	Brains fried in butter	Cervello alla mugnaia	~ Sesos salteados
~ mit schwarzer Butter	Cervelle au beurre noir	Brains with black butter	Cervello al burro nero	~ con mantequilla negra
Kalbskarree	Carré de veau	Loin of veal	Carré di vitello	Lomo de ternera
Kalbskeule	Cuisseau de veau	Leg of veal	Coscia di vitello	Pierna de ternera
Kalbskopf	Tête de veau	Calf's head	Testina di vitello	Cabeza de ternera
~ frittiert	~ de veau frite	Fried calf's head	~ di vitello fritta	~ de ternera frita
~ sauer	~ de veau à l'aigre	Sour calf's head	~ di vitello all'agro	~ de ternera en salsa agria
~ auf Schildkrötenart (mit Oliven, Champignons, Essiggurken)	~ de veau en tortue (garnie olives, champignons, cornichons)	Calf's head turtle sauce (garnished with olives, mushrooms, gherkins)	~ di vitello in salsa tartaruga (guarnita di olive, funghi, cetriolini)	~ de ternera en salsa tortuga (con aceitunas, champiñones, pepinillos)
~ mit Vinaigrette	~ de veau à la vinaigrette	Calf's head with vinaigrette dressing	~ di vitello in salsa vinaigrette	~ de ternera a la vinagreta
Kalbskotelett	Côte de veau	Veal chop, veal cutlet	Costoletta di vitello	Chuleta de ternera
~ Bellevue (in Aspik)	~ de veau en bellevue (en gelée)	Veal cutlet in jelly	~ di vitello in bella vista (in gelatina)	~ de ternera en gelatina
~ in Folie	~ de veau en papillote	Veal cutlet en papillote	~ di vitello al cartoccio	~ en papillote
~ gebraten	~ de veau sautée	Veal cutlet sauté	~ di vitello saltata al burro	~ de ternera salteada
~ gegrillt	~ de veau grillée	Grilled veal chop	~ di vitello ai ferri	~ a la parrilla
~ paniert	~ de veau panée	Breaded veal cutlet	~ di vitello impanata	~ de ternera empanada
~ Pojarski (gehacktes Kotelett)	~ de veau Pojarski (côte de veau hachée)	Veal cutlet Pojarski (minced cutlet)	~ di vitello Pojarski (costoletta tritata)	~ de ternera Pojarski (chuleta de picadillo)
Kalbskutteln	Tripes de veau	Calf's tripe	Trippa di vitello	Callos de ternera
Kalbsleber	Foie de veau	Calf's liver	Fegato di vitello	Hígado de ternera
~ nach Berliner Art (mit Äpfeln)	~ à la berlinoise (aux pommes fruits)	Calf's liver with apples	~ di vitello alla berlinese (con mele)	~ de ternera a la berlinesa
~ auf englische Art (mit Speckscheiben)	~ à l'anglaise (sauté au bacon)	Calf's liver and bacon	~ all'inglese (con fettine di pancetta)	~ de ternera a la inglesa (con tocino)

Fleischgerichte deutsch	**Plats de viande** französisch	**Meat dishes** englisch	**Piatti di carne** italienisch	**Platos de carne** spanisch
Kalbsleber gebacken	Foie de veau frit	Fried calf's liver	Fegato di vitello fritto	Hígado de ternera frito
~ gebraten	~ de veau sauté	Calf's liver sauté	~ di vitello sauté	~ de ternera salteado
~ gegrillt	~ de veau grillé	Grilled calf's liver	~ di vitello grigliato	~ de ternera a la parrilla
Kalbsleberspieße	Brochettes de foie de veau	Calf's liver kebabs	Spiedini di fegato	Brochetas de hígado
Kalbslende	Longe de veau	Loin of veal	Lombata di vitello	Lomo de ternera
Kalbslunge	Mou de veau	Calf's lights	Polmone di vitello	Bofes de ternera
Kalbsmedaillon	Médaillon de veau	Medallion of veal[1]	Medaglione di vitello	Medallón de ternera
~ mit Champignons	~ de veau aux champignons	~ of veal with mushrooms	~ di vitello con funghi	~ de ternera con champiñones
Kalbsmilch s. Kalbsbries				
Kalbsniere	Rognon de veau	Calf's kidney	Rognone di vitello	Riñones de ternera
~ flambiert	~ de veau flambé	Calf's kidney flambé	Rognone alla fiamma	~ de ternera flameados
~ gegrillt	~ de veau grillé	Grilled calf's kidney	~ di vitello alla griglia	~ asados a la parrilla
~ in Madeirasauce	~ de veau au madère	Kidney in Madeira sauce	~ di vitello al madera	~ de ternera al madera
~ sautiert	~ de veau sauté	Calf's kidney sauté	~ di vitello saltato	~ de ternera salteados
~ in Weißweinsauce	~ de veau au vin blanc	Calf's kidney in white wine	~ al vino bianco	~ en vino blanco
Kalbsnierenbraten	Longe de veau rôtie	Roast loin of veal	Lombata di vitello arrosto	Lomo de ternera asado
Kalbsnuss, gebraten	Noix de veau rôtie	Roast loin of veal	Noce di vitello arrosto	Nuez de ternera asada
Kalbsohren	Oreilles de veau	Calf's ears	Orecchie di vitello	Orejas de ternera
Kalbsragout	Sauté de veau	Veal stew	Spezzatino di vitello	Estofado de ternera
~ mit Erbsen	Veau aux petits pois	Veal stew with peas	~ di vitello con piselli	~ de ternera con guisantes
~ auf Frühlingsart (mit jungem Gemüse)	Sauté de veau printanier (aux primeurs)	Veal stew with spring vegetables	~ di vitello primaverile (con verdure novelle)	~ de ternera primaveral (con verduras)
~ nach Jägerart	Sauté de veau chasseur	Veal stew chasseur	Spezzatino di vitello alla cacciatora	Estofado de ternera a la cazadora

1) also veal noisettes

Fleischgerichte deutsch	Plats de viande französisch	Meat dishes englisch	Piatti di carne italienisch	Platos de carne spanisch
Kalbsragout Marengo (mit Tomaten und Champignons in Weinsauce)	Veau Marengo (aux tomates et aux champignons)	Veal Marengo (with tomatoes, wine, and mushrooms)	Spezzatino di vitello Marengo (con pomodori e funghi in salsa di vino)	Estofado de ternera Marengo (con tomates y champiñones)
~ in weißer Sauce	Blanquette de veau	Fricasseed veal	Vitello in fricassea	Ternera en salsa blanca
Kalbsrollbraten	Roulade de veau	Rolled roast veal	Rollè di vitello	Rollo de ternera asado
Kalbsrouladen	Paupiettes de veau	Veal roulades, veal olives	Involtini di vitello	Rollitos de ternera
~ in Weinblättern	~ de veau aux feuilles de vigne	Veal roulades in vine leaves	~ di vitello in foglia di vite	~ de ternera en hojas de vid
Kalbsrücken	Selle de veau	Saddle of veal	Sella di vitello	Silla de ternera
~ nach Kartäuser Art	~ de veau à la chartreuse	Saddle of veal chartreuse	~ di vitello alla certosina	~ de ternera a la cartuja
~ Orlow (mit Zwiebelmus geschmort)	~ de veau Orlov (braisée avec une purée Soubise)	Saddle of veal Orlov (braised with onion purée)	Sella di vitello Orlov (brasata con purè di cipolle)	Silla de ternera Orlov (con puré de cebollas)
Kalbsschlegel	Cuisseau de veau	Leg of veal	Coscia di vitello	Pierna de ternera
Kalbsschnitzel	Escalope de veau	Escalope of veal	Scaloppina di vitello	Escalope de ternera
~ gefüllt	~ de veau farcie	Stuffed veal escalope	~ di vitello farcita	~ de ternera relleno
~ paniert	~ de veau panée	Breaded escalope of veal	~ di vitello impanata	~ de ternera empanado[1]
~ mit Pilzen	~ de veau aux champignons	Veal escalope with mushrooms	~ di vitello ai funghi	~ de ternera con setas
~ in Sahnesauce	~ de veau à la crème	Creamed veal escalope	~ di vitello alla panna	~ de ternera a la crema
Kalbsschulter, gefüllt	Épaule de veau farcie	Stuffed shoulder of veal	Spalla di vitello ripiena	Espaldilla de ternera rellena
Kalbssteak	Steak de veau	Veal steak	Bistecca di vitello	Bistec de ternera
Kalbsstelze	Jarret de veau	Veal shank	Stinco di vitello	Jarrete de ternera
Kalbszunge	Langue de veau	Calf's tongue	Lingua di vitello	Lengua de ternera
Kalbszungen-Ragout	Langue de veau en ragoût	Ragout of tongue	Lingua di vitello in umido	Lengua estofada
Kaldaunen s. Kutteln				
Kalte Platte	Assiette anglaise	Cold cuts	Piatto freddo	Surtido de fiambres

1) o milanesa de ternera

Fleischgerichte deutsch	Plats de viande französisch	Meat dishes englisch	Piatti di carne italienisch	Platos de carne spanisch
Kasseler Rippenspeer	Côte de porc fumée	Smoked pork chop	Braciola di maiale affumicata	Costillas de cerdo ahumadas
Kitzbraten	Chevreau rôti	Roast kid	Capretto arrosto	Cabrito asado
Kohlrouladen	Paupiettes de choux	Stuffed cabbage	Involtini di cavolo	Col rellena
Königsberger Klopse	Boulettes de bœuf en sauce piquante	Meatballs in savoury sauce	Polpette di carne in salsa piccante	Albóndigas de carne en salsa picante
Krautwickel	Paupiettes de choux	Stuffed cabbage	Involtini di cavolo	Col rellena
Krenfleisch	Porc bouilli au raifort	Boiled pork with horse-radish	Maiale lesso con rafano	Cerdo con rábano picante
Kronenbraten vom Lamm	Couronne d'agneau rôtie	Crown of lamb	Corona d'agnello arrosto	Corona de cordero asada
Kutteln	Tripes	Tripe	Trippa	Callos
~ mit Zwiebeln	Tripes à la lyonnaise	Tripe and onions	Trippa con cipolle	Callos con cebollas
Lammbraten	Rôti d'agneau	Roast lamb	Arrosto d'agnello	Asado de cordero
Lammbries	Ris d'agneau	Lamb's sweetbreads	Animelle d'agnello	Lechecillas de cordero
Lammbrust, gefüllt	Poitrine d'agneau farcie	Stuffed breast of lamb	Petto d'agnello farcito	Pecho de cordero relleno
Lammcurry	Curry d'agneau	Lamb curry	Curry d'agnello	Curry de cordero
Lammfilet in Teigkruste	Filet d'agneau en croûte	Lamb fillet in pastry	Filetto d'agnello in crosta	Solomillo de cordero en costra
Lammfrikassee	Fricassée d'agneau	Lamb fricassee	Fricassea d'agnello	Fricasé de cordero
Lammhirn	Cervelles d'agneau	Lamb's brains	Cervella d'agnello	Sesos de cordero
~ gebraten	~ d'agneau à la meunière	~ meunière	~ d'agnello alla mugnaia	~ de cordero salteados
Lamminnereien	Fressure d'agneau	Lamb pluck	Interiora d'agnello	Asaduras de cordero
Lammkarree	Carré d'agneau	Loin of lamb	Carré d'agnello	Lomo de cordero
Lammkeule	Gigot d'agneau	Leg of lamb	Cosciotto d'agnello	Pierna de cordero
~ gebraten	~ d'agneau rôti	Roast leg of lamb	~ d'agnello arrosto	~ de cordero asada
Lammkotelett	Côtelette d'agneau	Lamb chop, lamb cutlet	Costoletta d'agnello	Chuleta de cordero
~ paniert	~ d'agneau panée	Breaded lamb chop	~ d'agnello impanata	~ de cordero empanada
~ vom Rost	~ d'agneau grillée	Grilled lamb chop	~ d'agnello alla griglia	~ de cordero a la parrilla

Fleischgerichte deutsch	**Plats de viande** französisch	**Meat dishes** englisch	**Piatti di carne** italienisch	**Platos de carne** spanisch
Lammnieren	Rognons d'agneau	Lamb's kidneys	Rognoni d'agnello	Riñones de cordero
Lammnüsschen	Noisettes d'agneau	Lamb noisettes	Nocette d'agnello	Medallones de cordero
Lammragout	Sauté d'agneau	Lamb stew	Spezzatino d'agnello	Estofado de cordero
~ auf Frühlingsart (mit jungem Gemüse)	~ d'agneau printanier (aux primeurs)	Lamb stew with spring vegetables	~ d'agnello primaverile (con verdure novelle)	~ de cordero primaveral (con verduras)
Lammrippchen	Côtelettes d'agneau	Lamb chops	Costine d'agnello	Costillas de cordero
Lammrücken, gebraten	Selle d'agneau rôtie	Roast saddle of lamb	Sella d'agnello arrosto	Silla de cordero asada
Lammschulter	Épaule d'agneau	Shoulder of lamb	Spalla d'agnello	Paletilla de cordero
~ nach Bäckerinart	~ d'agneau boulangère	Roast shoulder of lamb	~ d'agnello alla fornaia	~ de cordero a la panadera
Lammspieße	Brochettes d'agneau	Lamb kebabs	Spiedini d'agnello	Brochetas de cordero
Lendenbraten (vom Rind)	Aloyau rôti	Roast sirloin	Lombata di bue arrosto	Solomillo de buey asado
Lendenschnitte	Tournedos (tranche épaisse de filet de bœuf)	Tournedos (small round cut of beef fillet)	Tournedos (fetta spessa di filetto di bue)	Tournedó (medallón de solomillo)
~ auf arlesische Art (mit Auberginen, Zwiebeln, Tomaten)	~ à l'arlésienne (garni d'aubergines, oignons et tomates)	Tournedos arlésienne (with aubergines, onions and tomatoes)	~ all'arlesiana (guarnito di melanzane, cipolle e pomodori)	~ a la arlesiana (con berenjenas, cebollas y tomates)
~ nach Feinschmeckerart (mit Gänseleber)	~ des gourmets (fourré escalope de foie gras)	Tournedos for gourmets (with foie gras)	~ del buongustaio (con fegato d'oca)	~ de los gastrónomos (con foie-gras)
~ vom Grill	~ grillé	Grilled tournedos	~ alla griglia	~ a la parrilla
~ in Madeirasauce	~ sauté au madère	Tournedos in Madeira sauce	~ al madera	~ al Madera
~ mit Mark	~ à la moelle	~ with marrow	~ al midollo	~ con tuétano
~ Masséna (mit Artischocken und Rindermark)	~ Masséna (aux artichauts et à la moelle)	~ Masséna (with artichoke bottoms and marrow)	~ Massena (con fondi di carciofo e midollo)	~ Masséna (con alcachofas y tuétano)
~ auf portugiesische Art (mit Tomaten)	~ à la portugaise (aux tomates farcies)	~ Portuguese (with tomatoes)	~ alla portoghese (guarnito di pomodori)	~ a la portuguesa (con tomates)

Fleischgerichte deutsch	**Plats de viande** französisch	**Meat dishes** englisch	**Piatti di carne** italienisch	**Platos de carne** spanisch
Lendenschnitte Rossini (mit Gänseleber und Trüffeln. Madeirasauce)	Tournedos Rossini (garni de foie gras et de truffes. Sauce madère)	Tournedos Rossini (with foie gras, truffles and Madeira sauce)	Tournedos Rossini (con foie gras, tartufo e salsa al madera)	Tournedó Rossini (con foie-gras, trufas y salsa Madera)
Lungen-Haschee	Hachis de mou de veau	Hash of calf's lights	Polmone di vitello tritato	Bofes de ternera picados
Minutensteak	Entrecôte minute	Minute steak	Bistecca al minuto	Bistec al minuto
Mixed Grill	Mixed-grill	Mixed grill	Grigliata di carne	Parrillada de carne
Nierenspießchen	Rognons en brochettes	Kidney kebabs	Spiedini di rognone	Riñones en brochetas
Ochsenschwanz	Queue de bœuf	Oxtail	Coda di bue	Rabo de buey
Ochsenschwanzragout	~ de bœuf en ragoût	Ragout of oxtail	Coda di bue in umido	~ de buey en estofado
Ochsenwangen	Bajoues de bœuf	Beef cheeks	Guance di manzo	Carrillos de buey
Ochsenzunge	Langue de bœuf	Ox tongue	Lingua di bue	Lengua de vaca
~ geschmort	~ de bœuf braisée	Braised ox tongue	~ di bue brasata	~ de vaca braseada
~ in Madeirasauce	~ de bœuf au madère	Ox tongue in Madeira	~ di bue al madera	~ de vaca al Madera
Ossobuco (geschmorte Kalbshaxenscheibe)	Osso-buco (rouelle de jarret de veau braisée)	Ossobuco (braised slice of veal shank)	Ossobuco (garretto di vitello in umido)	Ossobuco (rodaja braseada de jarrete de ternera)
Osterlamm	Agneau pascal	Easter lamb	Agnello pasquale	Cordero pascual
Paprikaschnitzel	Escalope de veau au paprika	Veal escalope with paprika	Scaloppina di vitello alla paprica	Escalope de ternera con pimentón
Pfeffersteak	Steak au poivre	Pepper steak	Bistecca al pepe	Steak a la pimienta
Pferdesteak	Steak de cheval	Horse steak	Bistecca di cavallo	Steak de caballo
Piccata (kleines Schnitzel mit Petersilie und Zitrone)	Piccata de veau (petite escalope au persil et au citron)	Piccata (slice of veal with parsley and lemon)	Piccata (fettina di vitello con prezzemolo e limone)	Piccata (escalope pequeño con perejil y limón)
Pökelfleisch	Salé, petit salé	Salt pork, pickled pork	Carne di maiale salata	Carne salada de cerdo
Pökelzunge	Langue écarlate	Pickled ox tongue	Lingua salmistrata	Lengua salada
Rahmschnitzel s. Sahne-				
Räucherzunge	Langue de bœuf fumée	Smoked ox tongue	Lingua affumicata	Lengua de vaca ahumada

Fleischgerichte deutsch	**Plats de viande** französisch	**Meat dishes** englisch	**Piatti di carne** italienisch	**Platos de carne** spanisch
Rauchfleisch	Viande fumée	Smoked meat	Carne affumicata	Carne ahumada
Rinderbraten	Rôti de bœuf	Roast beef	Arrosto di manzo	Asado de vaca
Rinderbrust	Poitrine de bœuf	Brisket of beef	Petto di manzo	Pecho de vaca
Rindercarpaccio s. Carpaccio				
Rinderfilet	Filet de bœuf	Fillet of beef, sirloin	Filetto di manzo	Solomillo (de buey)
~ in Aspik	~ de bœuf en gelée	Beef fillet in jelly	~ di manzo in gelatina	~ en gelatina
~ nach Gärtnerinart (mit Gemüse)	~ de bœuf à la jardinière (aux légumes)	Beef jardinière (with cooked vegetables)	~ di manzo alla giardiniera (con verdure)	~ a la jardinera (con legumbres)
~ gebraten	~ de bœuf rôti	Roast beef fillet	~ di manzo arrosto	~ asado
~ in Madeirasauce	~ de bœuf au madère	Fillet of beef in Madeira	~ di manzo al madera	~ al Madera
~ auf portugiesische Art (mit Tomaten)	~ de bœuf portugaise (aux tomates farcies)	Fillet of beef Portuguese (with stuffed tomatoes)	~ di manzo alla portoghese (con pomodori)	~ a la portuguesa (con tomates rellenos)
~ Wellington (in Blätterteighülle)	~ de bœuf Wellington (en croûte de feuilletage)	Beef Wellington (baked in pastry)	~ di manzo in crosta	Solomillo Wellington (en hojaldre)
Rinderhaxe	Jarret de bœuf	Shin of beef	Stinco di bue	Jarrete de buey
Rinderragout	Ragoût de bœuf	Beef stew, ragout of beef	Stufato di manzo	Estofado de vaca
Rinderrouladen	Paupiettes de bœuf	Beef roulades, beef olives	Involtini di manzo	Rollos de vaca
Rinderschmorbraten	Bœuf braisé	Braised beef, pot-roast	Manzo brasato	Estofado de vaca
Rindfleisch gekocht	Bouilli de bœuf	Boiled beef	Bollito di manzo	Carne del cocido
Rindfleischsalat	Bœuf vinaigrette	Beef vinaigrette	Manzo in insalata	Carne de buey en vinagreta
Rippenspeer s. Kasseler~				
Roastbeef	Rosbif	Roast beef	Roastbeef	Rosbif
Rostbraten	Bifteck grillé	Grilled steak	Bistecca ai ferri	Bistec a la parrilla
Rückenmark vom Kalb	Amourettes de veau	Spinal marrow of veal	Schienali di vitello	Tuétanos (médula espinal)
Rumpsteak	Rumsteck, romsteck	Rump-steak	Bistecca di manzo	Bistec de vaca
Sahneschnitzel	Escalope de veau à la crème	Veal escalope in cream sauce	Scaloppina di vitello alla panna	Escalope de ternera a la crema

Fleischgerichte deutsch	**Plats de viande** französisch	**Meat dishes** englisch	**Piatti di carne** italienisch	**Platos de carne** spanisch
Saltimbocca (Kalbsröllchen mit Schinken und Salbei)	Saltimbocca (paupiette de veau au jambon et à la sauge)	Saltimbocca (veal rolls with ham and sage)	Saltimbocca (involtino di vitello con prosciutto e salvia)	Saltimbocca (rollito de ternera con jamón y salvia)
Sauerbraten	Bœuf braisé à l'aigre	Sauerbraten (sour beef)	Manzo brasato all agro	Estofado de vaca al vinagre
Sauerkraut, garniert	Choucroute alsacienne	Sauerkraut with pork meats	Crauti all'alsaziana	Chucrut a la alsaciana
Saure Kutteln	Tripes à l'aigre	Sour tripe	Trippa all'agro	Callos en salsa agria
Saure Leber	Foie de veau à l'aigre	Sour calf's liver	Fegato di vitello all'agro	Hígado en salsa agria
Schaschliks (Hammelspießchen)	Kebabs (brochettes de mouton)	Kebabs, shashliks (meat on skewers)	Spiedini di montone	Brochetas de cordero
Schinken	Jambon	Ham	Prosciutto	Jamón
~ in Aspik	~ en gelée	~ in jelly	~ in gelatina	~ en gelatina
~ in Madeirasauce	~ braisé au madère	~ in Madeira sauce	~ al madera	~ al Madera
~ mit Spinat	~ aux épinards	~ with spinach	~ con spinaci	~ con espinacas
~ in Teigmantel	~ en croûte	~ baked in pastry	~ in crosta	~ en pasta
Schinkenmedaillons	Médaillons de jambon	Ham medallions	Medaglioni di prosciutto	Medallones de jamón
Schinkensteak	Steak de jambon	Ham steak	Bistecca di prosciutto	Bistec de jamón
Schmorbraten (Rinder-)	Bœuf braisé[1)]	Braised beef, pot-roast	Manzo brasato	Estofado de vaca
Schweinebacken	Bajoues de porc	Pork cheeks	Guance di maiale	Carrillos de cerdo
Schweinebraten	Rôti de porc	Roast pork	Arrosto di maiale	Asado de cerdo
Schweinefilet	Filet de porc	Pork fillet[2)]	Filetto di maiale	Lomo de cerdo
Schweinefleischragout	Ragoût de porc	Stewed pork	Stufato di maiale	Ragú de cerdo
Schweinefuß, gekocht	Pied de porc bouilli	Boiled pig's trotter	Piedino di maiale lesso	Pata de cerdo hervida
Schweinekotelett	Côte de porc	Pork chop	Costoletta di maiale	Chuleta de cerdo
~ gegrillt	~ de porc grillée	Grilled pork chop	~ di maiale ai ferri	~ de cerdo a la parrilla
~ paniert	~ de porc panée	Breaded pork chop	~ di maiale impanata	~ de cerdo empanada
~ in Paprikasauce	~ de porc au paprika	Pork chop paprika sauce	~ di maiale alla paprica	~ de cerdo al pimentón

1) ou bœuf en daube - 2) or pork tenderloin

Fleischgerichte deutsch	Plats de viande französisch	Meat dishes englisch	Piatti di carne italienisch	Platos de carne spanisch
Schweineschnitzel	Escalope de porc	Pork escalope	Scaloppina di maiale	Escalope de cerdo
Schweinsgulasch	Goulache de porc	Goulash of pork	Gulasch di maiale	Gulasch de cerdo
Schweinshaxe	Jarret de porc	Leg of pork	Stinco di maiale	Pierna de cerdo
~ gebraten	Jarret de porc rôti	Roast leg of pork	~ di maiale arrosto	~ de cerdo asada
Schweinskarree	Carré de porc	Loin of pork	Carré di maiale	Lomo de cerdo
~ mit Sauerkraut	Carré de porc à la choucroute	~ of pork with sauerkraut	Carré di maiale con crauti	~ de cerdo con chucrut
Schweinskeule	Jambonneau	Leg of pork	Cosciotto di maiale	Pierna de cerdo
Schweinsleber	Foie de porc	Pork liver	Fegato di maiale	Hígado de cerdo
Schweinsohren	Oreilles de porc	Pig's ears	Orecchie di maiale	Orejas de cerdo
~ mit Erbsenbrei	~ de porc à la purée de pois	Pig's ears with peas	~ di maiale con piselli	~ de cerdo con guisantes
Schweinsrippchen	Côtelette de porc	Pork chop	Braciola di maiale	Costilla de cerdo
~ mit Wirsingkohl	~ de porc au chou frisé	Pork chop with savoy	~ di maiale alle verze	~ de cerdo con coles
Selchfleisch	Viande de porc fumée	Smoked pork	Carne di maiale affumicata	Carne de cerdo ahumada
Spanferkel, gebraten	Porcelet rôti	Roast sucking pig	Maialino di latte arrosto	Cochinillo asado[1]
Spanferkelkotelett	Côtelette de porcelet	Sucking pig chop	Braciola di maialino	Costilla de cochinillo
Spießbraten	Rôti à la broche	Spitted roast	Arrosto allo spiedo	Carne al asador
Sülzkotelett	Côte de porc en gelée	Jellied pork cutlet	Braciola di maiale in gelatina	Chuleta de cerdo en gelatina
Surfleisch	Salé, petit salé	Salt pork, pickled pork	Carne salata di maiale	Carne salada de cerdo
Surhaxe s. Eisbein				
Szegediner Gulasch	Goulache de porc à la choucroute	Pork goulash with sauerkraut	Gulasch di maiale con crauti	Gulasch de cerdo con chucrut
Tafelspitz	Bouilli de bœuf	Boiled beef	Bollito di manzo	Carne del cocido
Tatarbeefsteak (rohes Hacksteak mit Eigelb)	Steak tartare (steak cru haché)	Steak tartare (raw minced beefsteak with egg)	Bistecca alla tartara (bistecca di carne cruda tritata)	Steak tártaro (bistec de picadillo crudo)

1) o tostón

Fleischgerichte deutsch	**Plats de viande** französisch	**Meat dishes** englisch	**Piatti di carne** italienisch	**Platos de carne** spanisch
Tiroler Leber (in Sauerrahmsauce)	Foie de veau à la tyrolienne (à la crème aigre)	Calf's liver, Tyrolean style (in sour cream sauce)	Fegato di vitello alla tirolese (in salsa di panna acida)	Hígado de ternera a la tirolesa (en salsa de crema agria)
Tournedos s. Lendenschnitte				
Weißes Kalbsragout	Blanquette de veau	Fricassee of veal	Vitello in fricassea	Ternera en salsa blanca
Weißwürste	Boudins blancs de veau	Veal sausages	Salsicce di vitello	Salchichas de ternera
Wiener Beuschel (Saure Lunge)	Mou de veau à l'aigre	Sour calf's lights	Polmone di vitello all'agro	Bofes de ternera en salsa agria
Wiener Rostbraten	Steak à la viennoise (aux oignons)	Steak with fried onions	Bistecca di manzo alla viennese (con cipolle)	Bistec a la vienesa (con cebollas)
Wiener Schnitzel (paniertes Kalbsschnitzel)	Escalope viennoise (escalope panée)	Wiener schnitzel[1] (breaded veal slice)	Cotoletta alla milanese (scaloppina impanata)	Escalope vienés[2] (escalope empanado)
Würstchen mit Kohl	Saucisses au chou	Sausages with cabbage	Salsicce coi cavoli	Salchichas con coles
~ in Weißwein	~ au vin blanc	~ in white wine	~ al vino bianco	~ al vino blanco
Zampone (gefüllter Schweinsfuß)	Zampone (pied de porc farci)	Zampone (stuffed pig's trotter)	Zampone (zampa di maiale farcita)	Zampone (pata de cerdo rellena)
~ mit Linsen	~ aux lentilles	~ with lentils	~ con lenticchie	~ con lentejas
~ mit Sauerkraut	~ à la choucroute	~ with sauerkraut	~ con crauti	~ con chucrut
Zickleinbraten	Chevreau rôti	Roast kid	Capretto arrosto	Cabrito asado
Zickleinkutteln	Tripes de chevreau	Tripe of kid	Trippa di capretto	Callos de cabrito
Zungenragout	Langue de bœuf en ragoût	Ragout of tongue	Lingua di bue in umido	Lengua estofada
Zwiebelrostbraten s. Wiener Rostbraten				

1) also Vienna schnitzel - 2) o escalope milanés

Geflügel

Geflügel deutsch	**Volailles** französisch	**Poultry** englisch	**Pollame** italienisch	**Aves** spanisch
Backhähnchen	Poulet frit	Fried chicken	Pollo fritto	Pollo frito
Barbarie-Ente (Moschusente)	Canard de Barbarie, canard musqué	Musk duck	Anatra muta	Pato de Berbería, pato mudo
Brathähnchen	Poulet rôti	Roast chicken	Pollo arrosto	Pollo asado
Curryhuhn	Curry de poulet	Chicken curry	Pollo al curry	Pollo al curry
Ente	Canard	Duck	Anatra, anitra	Pato
~ gebraten	Caneton rôti	Roast duck	~ arrosto	~ asado
~ (junge)	Caneton, canette	Duckling	~ novella	~ joven
~ mit Orangensauce	Canard à l'orange	Duck with orange sauce	~ all'arancia	~ a la naranja
~ in der Presse	~ à la presse, ~ au sang	Pressed duck	~ al torchio	~ a la sangre
~ mit Rotkohl	Canard au chou rouge	Duck with red cabbage	~ con cavoli rossi	~ con col lombarda
~ mit weißen Rüben	Canard aux navets	Duck with turnips	~ con le rape	~ con nabos
Entenbrust	Suprême de canard	Duck breast	Petto d'anatra	Pechuga de pato
Entenkeule	Cuisse de canard	Duck leg	Coscia d'anatra	Muslo de pato
Entenpastete	Pâté de canard	Duck pâté	Pâté d'anatra	Paté de pato
Essighuhn	Poulet au vinaigre	Vinegar chicken	Pollo all'aceto	Pollo al vinagre
Freilandente	Canard de ferme	Free-range duck	Anatra di cortile	Pato de granja
Gans	Oie	Goose	Oca	Ganso, oca
~ auf elsässische Art (mit Sauerkraut)	~ à l'alsacienne (à la choucroute)	Braised goose with sauerkraut	~ all'alsaziana (con crauti)	Ganso a la alsaciana (con chucrut)
~ auf englische Art (mit Apfelmus)	~ à l'anglaise (rôtie, sauce aux pommes)	Roast goose with apple sauce	~ arrosto all'inglese (con salsa di mele)	~ asado a la inglesa (con salsa de manzanas)
~ gebraten	~ rôtie	Roast goose	~ arrosto	~ asado
Gänseconfit (eingemach-tes Gänsefleisch)	Confit d'oie	Confit of goose (potted goose)	Confit d'oca (conserva d'oca)	Confit de oca (oca confitada)
Gänsegrieben	Grattons d'oie	Goose cracklings	Ciccioli d'oca	Chicharrones de oca
Gänsehals, gefüllt	Cou d'oie farci	Stuffed goose neck	Collo d'oca farcito	Cuello de ganso relleno
Gänseklein	Abattis d'oie	Goose giblets	Rigaglie d'oca	Menudillos de ganso

Geflügel deutsch	**Volailles** französisch	**Poultry** englisch	**Pollame** italienisch	**Aves** spanisch
Gänseleber (frische)	Foie gras frais	Fresh foie gras	Foie gras fresco	Foie-gras fresco
Gänseleberpastete	Pâté de foie gras	Foie gras	Foie gras,	Foie-gras
Gänseleberscheibe	Escalope de foie gras	Escalope of foie gras	Scaloppa di foie gras	Escalope de foie-gras
Gänseragout	Ragoût d'oie	Ragout of goose	Stufato d'oca	Estofado de oca
Geflügel-Chaudfroid	Chaud-froid de poulet	Chaud-froid of chicken	Chaud-froid di pollo	Pollo en gelatina
Geflügel-Galantine	Galantine de volaille	Chicken galantine	Galantina di pollo	Galantina de pollo
Geflügelklein	Abattis	Giblets	Rigaglie di pollo	Menudillos
Geflügelkotelett	Côtelette de volaille	Chicken cutlet	Cotoletta di pollo	Chuleta de pollo
Geflügelkroketten	Croquettes de volaille	Chicken croquettes	Crocchette di pollo	Croquetas de pollo
Geflügelleber	Foies de volaille	Chicken livers	Fegatini (di pollo)	Higadillos (de ave)
~ am Spießchen	Brochettes de foies de volaille	Chicken liver kebabs	Spiedini di fegatini	Brochetas de higadillos
Geflügelmousse	Mousse de volaille	Chicken mousse	Mousse di pollo	Mousse de pollo
Geflügelröllchen	Paupiettes de volaille	Chicken roulades	Involtini di pollo	Rollitos de pollo
Grillhähnchen	Poulet grillé	Grilled chicken	Pollo alla griglia	Pollo emparrillado
Hahnenkämme	Crêtes de coq	Cockscombs	Creste di gallo	Crestas de gallo
Henne	Poule	Hen	Gallina	Gallina
Hühnchen	Poulet	Chicken	Pollo	Pollo
~ auf amerikanische Art	~ grillé à l'américaine	Broiled chicken with bacon	~ alla griglia all'americana	~ a la americana
~ mit Aromen	~ aux aromates	Aromatic chicken	~ agli aromi	~ con especias
~ in Aspik	~ en gelée	Chicken in jelly	~ in gelatina	~ en gelatina
~ in Champagner	~ au champagne	Chicken in champagne	~ allo champagne	~ al champaña
~ entbeint und gefüllt	~ désossé et farci	Boned stuffed chicken	~ disossato ripieno	~ deshuesado y relleno
~ gebraten	~ rôti	Roast chicken	~ arrosto	~ asado
~ gefüllt	~ farci	Stuffed chicken	~ ripieno	~ relleno
~ gegrillt	~ grillé	Grilled chicken	~ alla griglia	~ a la parrilla
~ geschmort	~ en cocotte	Casserole of chicken	~ stufato	~ estofado
~ nach Jägerart	~ chasseur	Chicken chasseur	~ alla cacciatora	~ a la cazadora

Geflügel deutsch	Volailles französisch	Poultry englisch	Pollame italienisch	Aves spanisch
Hühnchen Marengo (mit Champignons, Wein und Tomaten)	Poulet Marengo (avec champignons, vin et tomates)	Chicken Marengo (with mushrooms, wine, and tomatoes)	Pollo alla Marengo (con funghi, vino e pomodori)	Pollo a la Marengo (en salsa de vino, tomate y champiñones)
~ Maryland (mit kleinen Maisbeignets und gebratenen Bananen)	~ Maryland (aux beignets de maïs et bananes frites)	Chicken Maryland (with sweetcorn fritters & fried bananas)	~ Maryland (con frittelle di mais e banane fritte)	~ Maryland (con galletas de maíz y plátanos fritos)
~ mit Mayonnaise	~ froid mayonnaise	~ with mayonnaise	~ con maionese	~ con mayonesa
~ mit Paprika	~ au paprika	Paprika chicken	~ alla paprica	~ con pimentón
~ in Rahmsauce	~ sauté à la crème	Chicken in cream sauce	~ alla panna	~ a la crema
~ in Salzkruste	~ en croûte de sel	Chicken in salt crust	~ al sale	~ a la sal
~ vom Spieß	~ à la broche	Spit-roasted chicken	~ allo spiedo	~ al asador
~ im Teigmantel	~ en pâte	Chicken in pastry	~ in crosta	~ en costra
~ in Weinsauce	~ au vin	Chicken in wine sauce	~ con salsa al vino	~ al vino
Hühnerbrust	Suprême de volaille[1]	Chicken breast	Petti di pollo	Pechuga de pollo[2]
~ in Sahne	~ de volaille à la crème	Chicken breast in cream	Petti di pollo alla panna	~ de pollo a la crema
~ mit Trüffeln	~ de volaille aux truffes	Truffled chicken breast	Petti di pollo al tartufo	~ de pollo con trufas
Hühnerflügel	Ailes de volaille	Chicken wings	Ali di pollo	Alas de pollo
Hühnerfrikassee	Fricassée de poulet	Chicken fricassee	Fricassea di pollo	Fricasé de pollo
Hühnerkeule	Cuisse de poulet	Chicken leg	Coscia di pollo	Muslo de pollo
Hühnerleberpastete	Pâté de foies de volaille	Chicken liver pâté	Pâté di fegatini	Paté de higadillos
Hühnermayonnaise	Mayonnaise de volaille	Chicken mayonnaise	Maionese di pollo	Mayonesa de pollo
Kapaun	Chapon	Capon	Cappone	Capón
~ getrüffelt	Chapon truffé rôti	Roast truffled capon	~ arrosto tartufato	~ asado trufado
Küken	Poussin	Poussin	Galletto	Pollito
~ vom Grill	~ grillé	Grilled poussin	~ alla griglia	~ asado a la parrilla
~ auf Wiener Art	~ frit à la viennoise	Fried poussin	~ fritto	~ frito
Masthuhn s. Foularde				

1) ou blanc de poulet - 2) o supremas de pollo

Geflügel deutsch	Volailles französisch	Poultry englisch	Pollame italienisch	Aves spanisch
Moschusente s. Barbarie-Ente				
Paprikahuhn	Poulet au paprika	Paprika chicken	Pollo alla paprica	Pollo con pimentón
Perlhuhn	Pintade	Guinea fowl, guinea hen	Faraona	Pintada[1)]
~ gebraten	~ rôtie	Roast guinea fowl	Faraona arrosto	~ asada
~ geschmort mit Kohl	~ braisée au chou	Guinea fowl with cabbage	Faraona brasata con cavoli	~ estofada con coles
~ in Rahmsauce	~ à la crème	Guinea hen in cream	Faraona alla panna	~ a la crema
Perlhuhnbrust	Suprême de pintade	Breast of guinea fowl	Petto di faraona	Pechuga de pintada
Perlhuhngalantine	Galantine de pintade	Guinea fowl galantine	Galantina di faraona	Galantina de pintada
Poularde	Poularde	Poulard, poularde	Pollastra	Pularda
~ mit Estragon	~ à l'estragon	Poulard with tarragon	~ al dragoncello	~ con estragón
~ gekocht	~ pochée	Boiled poulard	~ lessa	~ cocida
~ getrüffelt	~ truffée	Truffled poulard	~ tartufata	~ trufada
~ mit Reis	~ au riz	Poulard with rice	~ col riso	~ con arroz
~ in der Schweinsblase	~ en vessie, ~ en chemise	Poulard in bladder	~ in camicia	~ en vejiga
~ Suworow (mit Gänseleber und Trüffeln)	~ Souvarov (farcie de foie gras et truffes)	Poulard Suvorov (with foie gras & truffles)	~ Suvarov (con fegato d'oca e tartufi)	~ Suvarov (rellena de foie-gras y trufas)
Putenbraten	Dinde rôtie	Roast turkey	Tacchino arrosto	Pavo asado
Putenbrust	Suprême de dinde[2)]	Turkey breast	Petto di tacchino	Pechuga de pavo
Putengulasch	Goulache de dinde	Turkey goulash	Gulasch di tacchino	Gulasch de pavo
Putenkeule	Cuisse de dinde	Turkey leg	Coscia di tacchino	Muslo de pavo
Putenrollbraten	Roulade de dinde	Rolled roast turkey	Rotolo di tacchino	Rollo de pavo asado
Putenschnitzel	Escalope de dinde	Turkey escalope	Scaloppina di tacchino	Escalope de pavo
Putensteak	Steak de dinde	Turkey steak	Bistecca di tacchino	Bistec de pavo
Puter s. Truthahn				
Safranhuhn	Poulet au safran	Saffron chicken	Pollo allo zafferano	Pollo al azafrán
Schmorhuhn	Poulet en cocotte	Stewed chicken	Pollo stufato	Pollo estofado
Taube	Pigeon	Pigeon	Piccione	Pichón

1) o gallina de Guinea - 2) ou blanc de dinde

Geflügel deutsch	**Volailles** französisch	**Poultry** englisch	**Pollame** italienisch	**Aves** spanisch
Taube gefüllt	Pigeon farci	Stuffed pigeon	Piccione farcito	Pichón relleno
~ vom Grill	~ à la crapaudine	Broiled pigeon	~ in gratella	~ asado a la parrilla
~ (junge)	Pigeonneau	Young pigeon, squab	~ novello	~ joven
~ sautiert	Pigeon à la minute	Minute pigeon	~ al minuto	~ al minuto
~ vom Spieß	~ rôti à la broche	Spit-roasted pigeon	~ allo spiedo	~ al asador
Taubenbrust	Suprême de pigeon	Pigeon breast	Petto di piccione	Pechuga de pichón
Taubenpastete	Pâté de pigeons	Pigeon pâté	Pâté di piccione	Paté de pichón
Truthahn	Dinde	Turkey	Tacchino	Pavo
~ gefüllt	~ farcie	Stuffed turkey	~ ripieno	~ relleno
~ geschmort	~ braisée	Braised turkey	~ brasato	~ estofado
~ getrüffelt	~ truffée	Truffled turkey	~ tartufato	~ trufado
~ mit Granatapfelsauce	~ à la grenade	Turkey with pomegranate sauce	~ alla melagrana	~ con salsa de granada
~ (junger)	Dindonneau	Young turkey	Tacchino giovane	Pavo joven, pavipollo
~ mit Kastanienfüllung	Dinde farcie aux marrons	Roast turkey with chestnut stuffing	Tacchino ripieno di marroni	Pavo relleno de castañas
Truthahngalantine	Galantine de dinde	Turkey galantine	Galantina di tacchino	Galantina de pavo
Wiener Backhendl	Poulet frit à la viennoise	Fried chicken	Pollastrino fritto	Pollo frito

Wildbret deutsch	**Gibier** französisch	**Game** englisch	**Selvaggina**[1] italienisch	**Caza** spanisch
Amseln	Merles	Blackbirds	Merli	Mirlos
Auerhahn	Coq de bruyère	Capercaillie[2]	Gallo cedrone	Gallo silvestre, urogallo
Bekassine	Bécassine	Snipe	Beccaccino	Becacina
~ vom Rost	~ grillée	Broiled snipe	~ alla griglia	~ a la parrilla
Birkhahn	Petit coq de bruyère, tétras-lyre	Black grouse, blackcock[3]	Fagiano di monte	Grigallo
Blässhuhn	Foulque noire	Waterhen, coot	Folaga	Foja
Damhirsch	Daim	Fallow deer	Daino	Gamo
Drosseln	Grives	Thrushes	Tordi	Tordos
~ nach Hausfrauenart (im Schmortopf)	~ à la bonne femme (en cocotte)	Casserole of thrushes	~ in casseruola	~ en cacerola
~ am Spieß gebraten	~ rôties à la broche	Spit-roasted thrushes	~ allo spiedo	~ al asador
~ mit Wacholdersauce	~ au genièvre	Thrushes with juniper berry sauce	~ al ginepro	~ al enebro
Drosselpastete	Pâté de grives	Thrush pâté	Pâté di tordi	Paté de tordos
Fasan	Faisan	Pheasant	Fagiano	Faisán
~ gebraten	~ rôti	Roast pheasant	~ arrosto	~ asado
~ geschmort	~ en cocotte	Casserole of pheasant	~ in casseruola	~ en cacerola
~ getrüffelt	~ truffé	Truffled pheasant	~ tartufato	~ trufado
~ mit Sauerkraut	~ à l'alsacienne	Pheasant with sauerkraut	~ con crauti	~ con chucrut
Fasanenbrust	Suprême de faisan	Pheasant breast	Petto di fagiano	Pechuga de faisán
~ in Sahnesauce	~ de faisan à la crème	~ breast in cream sauce	~ di fagiano alla panna	~ de faisán a la crema
Fasanenmousse	Mousse de faisan	Pheasant mousse	Mousse di fagiano	Mousse de faisán
Fasanenpastete	Pâté de faisan	Pheasant pâté	Pâté di fagiano	Paté de faisán
Fasanenterrine	Terrine de faisan	Pheasant terrine	Terrina di fagiano	Terrina de faisán
Fettammern s. Ortolane				
Frischling	Marcassin	Young wild boar	Cinghialetto	Jabato
Frischlingsrücken	Selle de marcassin	Saddle of young wild boar	Sella di cinghialetto	Lomo de jabato

1) o cacciagione - 2) also mountain cock and woodgrouse - 3) also heath cock

Wildbret

Wildbret deutsch	Gibier französisch	Game englisch	Selvaggina italienisch	Caza spanisch
Gämse	Chamois	Chamois	Camoscio	Gamuza
Gämsenbraten	Rôti de chamois	Roast chamois	Arrosto di camoscio	Asado de gamuza
Hase	Lièvre	Hare	Lepre	Liebre
Haselhuhn	Gelinotte	Hazel grouse, hazel hen	Francolino di monte	Bonasa
Hasenbraten	Lièvre rôti	Roast hare	Lepre arrosto	Asado de liebre
Hasenfilet	Filet de lièvre	Fillet of hare	Filetto di lepre	Lomo de liebre
Hasenkeulen	Cuisses de lièvre	Legs of hare	Cosce di lepre	Pierna de liebre
Hasenpastete (warme)	Pâté de lièvre en croûte	Hare pie	Pâté di lepre in crosta	Paté de liebre
Hasenpfeffer	Civet de lièvre	Jugged hare[1]	Lepre in salmì	Civet de liebre
Hasenragout	Ragoût de lièvre	Ragout of hare	Stufato di lepre	Estofado de liebre
Hasenrücken	Râble de lièvre	Saddle of hare	Lombo di lepre	Lomo de liebre
~ mit Wacholdersauce	~ de lièvre au genièvre	~ of hare with juniper	~ di lepre al ginepro	~ de liebre al enebro
Hirsch	Cerf	Red deer, venison	Cervo	Ciervo, venado
Hirschbraten	Cerf rôti	Roast venison	Cervo arrosto	Asado de ciervo
Hirschcarpaccio	Carpaccio de cerf	Venison carpaccio	Carpaccio di cervo	Carpaccio de venado
Hirschfleischsalat	Cerf à la vinaigrette	Venison salad	Cervo in insalata	Venado a la vinagreta
Hirschkeule	Cuissot de cerf	Leg of venison	Cosciotto di cervo	Pierna de venado
Hirschmedaillon	Médaillon de cerf	Venison noisette	Medaglione di cervo	Medallón de ciervo
Hirschragout	Ragoût de cerf	Venison ragout	Stufato di cervo	Ragú de ciervo
Hirschsteak	Steak de cerf	Venison steak	Bistecca di cervo	Bistec de venado
Jagdspieße	Brochettes du chasseur	Hunter's kebabs	Spiedini di caccia	Brochetas de caza
Kaninchen	Lapin (junges: lapereau)	Rabbit	Coniglio	Conejo
~ gebacken	Lapin frit	Fried rabbit	~ fritto	~ frito
~ gebraten	Lapin rôti	Roast rabbit	~ arrosto	~ asado
Kaninchenfrikassee	Fricassée de lapin	Rabbit fricassee	~ in fricassea	~ en salsa blanca
Kaninchengalantine	Galantine de lapin	Rabbit galantine	Galantina di coniglio	Galantina de conejo
Kaninchenkeule	Cuisse de lapin	Leg of rabbit	Coscia di coniglio	Pierna de conejo
Kaninchenleber	Foie de lapin	Rabbit liver	Fegato di coniglio	Hígado de conejo

1 Am. hasenpfeffer

Wildbret deutsch	**Gibier** französisch	**Game** englisch	**Selvaggina** italienisch	**Caza** spanisch
Kaninchenpfeffer	Lapin en civet	Jugged rabbit, rabbit stew	Coniglio in salmì	Civet de conejo
Kaninchenragout	Sauté de lapin	Rabbit ragout	Stufato di coniglio	Estofado de conejo
Kaninchenrollbraten	Roulade de lapin	Rolled roast rabbit	Rotolo di coniglio	Rollo de conejo asado
Kaninchenrücken	Râble de lapin	Saddle of rabbit	Lombo di coniglio	Lomo de conejo
Kaninchenterrine	Terrine de lapin	Rabbit terrine	Terrina di coniglio	Terrina de conejo
Kiebitz	Vanneau	Lapwing, green plover	Pavoncella	Avefría
Krickente	Sarcelle	Teal	Alzavola	Cerceta
Lerchen	Alouettes	Larks	Allodole	Alondras
Ortolane, gebraten	Ortolans rôtis	Roast ortolans	Ortolani arrosto	Hortelanos asados
Rebhuhn	Perdreau, perdrix	Partridge, grey partridge	Pernice grigia, starna	Perdiz, estarna
~ gebraten (auf Röstbrot)	Perdreau rôti (sur canapé)	Roast partridge (on toast)	~ arrosto (sul crostone)	~ asada (sobre tostada)
~ mit Kohl	~ au chou	Partridge with cabbage	~ con cavoli	~ con coles
~ auf normannische Art (mit Äpfeln)	~ à la normande (aux pommes reinettes)	Partridge with apples	~ alla normanna (con mele)	~ a la normanda (con manzanas)
~ in Rahmsauce	~ à la crème	Partridge with cream sauce	~ alla crema	~ a la crema
Rebhuhnbrüstchen	Suprême de perdreau	Breast of partridge	Petto di pernice	Pechuga de perdiz
Reh	Chevreuil	Venison	Capriolo	Corzo
Rehbraten	Chevreuil rôti	Roast venison	Capriolo arrosto	Corzo asado
Rehcarpaccio	Carpaccio de chevreuil	Venison carpaccio	Carpaccio di capriolo	Carpaccio de corzo
Rehfilet	Filet de chevreuil	Venison fillet	Filetto di capriolo	Lomo de corzo
Rehgulasch	Goulache de chevreuil	Venison goulash	Gulasch di capriolo	Gulasch de corzo
Rehkeule	Cuissot de chevreuil[1]	Leg of venison[2]	Cosciotto di capriolo	Pierna de corzo
~ in Sahnesauce	~ de chevreuil à la crème	~ of venison with cream	~ di capriolo alla panna	~ de corzo a la crema
Rehkotelett	Côtelette de chevreuil	Venison cutlet	Costoletta di capriolo	Chuleta de corzo
~ mit Pilzen	~ de chevreuil aux champignons	Venison cutlet with mushrooms	~ di capriolo ai funghi	~ de corzo con setas
Rehmedaillon	Médaillon de chevreuil	Medallion of venison	Medaglione di capriolo	Medallón de corzo

1) dit aussi gigue de chevreuil - 2) also haunch of venison

Wildbret

Wildbret deutsch	**Gibier** französisch	**Game** englisch	**Selvaggina** italienisch	**Caza** spanisch
Rehmedaillons mit Maronenpüree	Médaillons de chevreuil à la purée de marrons	Medallions of venison with chestnut purée	Medaglioni di capriolo con purè di marroni	Medallones de corzo con puré de castañas
Rehnüsschen	Noisettes de chevreuil	Venison noisettes	Nocette di capriolo	Medallones de corzo
Rehpfeffer	Civet de chevreuil	Jugged venison	Civet di capriolo	Civet de corzo
Rehragout	Ragoût de chevreuil	Venison stew	Stufato di capriolo	Estofado de corzo
Rehrücken	Selle de chevreuil	Saddle of venison	Sella di capriolo	Lomo de corzo
~ nach Försterinart (mit Waldpilzen)	~ de chevreuil forestière (aux champignons)	~ of venison with wild mushrooms	~ di capriolo alla forestale (con funghi di bosco)	~ de corzo con setas silvestres
~ gespickt	~ de chevreuil piquée	Larded saddle of venison	~ di capriolo lardellata	~ de corzo mechado
~ mit Kirschen	~ de chevreuil aux cerises	Saddle of venison with cherries	~ di capriolo con ciliegie	~ de corzo con cerezas
~ nach Kreolenart (mit gebratenen Bananen)	~ de chevreuil à la créole (aux bananes)	Saddle of venison creole (with fried bananas)	~ di capriolo alla creola (con banane)	~ de corzo a la criolla (con plátanos)
Rehschnitzel	Escalope de chevreuil	Escalope of venison	Scaloppina di capriolo	Escalope de corzo
Rehsteak	Steak de chevreuil	Venison steak	Bistecca di capriolo	Bistec de corzo
Rehtatar	Tartare de chevreuil	Venison tartare	Tartara di capriolo	Corzo a la tártara
Rehwürstchen	Saucisses de chevreuil	Venison sausages	Salsicce di capriolo	Salchichas de corzo
Rentier	Renne	Reindeer	Renna	Reno
Rentiersteak	Steak de renne	Reindeer steak	Bistecca di renna	Bistec de reno
Ringeltaube	Palombe[1]	Woodpigeon, ringdove	Colombaccio, palombo	Paloma torcaz
~ gefüllt	Palombe farcie	Stuffed woodpigeon	Colombaccio ripieno	Paloma torcaz rellena
Rothirsch s. Hirsch				
Rothuhn	Perdriz rouge	Red-legged partridge	Pernice rossa	Perdiz roja, perdiz real
Salmi von Rebhühnern	Salmis de perdreau	Salmi of partridge	Pernice in salmì	Salmis de perdiz
~ von Schnepfen	~ de bécasses	~ of woodcock	Beccaccia in salmì	~ de becada
Schneehuhn	Perdrix des neiges	Ptarmigan, snow grouse	Pernice bianca	Perdiz blanca
Schnepfe	Bécasse	Woodcock	Beccaccia	Becada, chocha
~ flambiert	~ flambée	Woodcock flambé	~ alla fiamma	Becada flameada

1) ou ramier

Wildbret deutsch	**Gibier** französisch	**Game** englisch	**Selvaggina** italienisch	**Caza** spanisch
Schnepfe gebraten auf Röstbrot	Bécasse rôtie sur canapé	Roast woodcock on toast	Beccaccia arrosto sul crostone	Becada asada sobre tostada
~ gegrillt	~ grillée	Grilled woodcock	~ alla griglia	~ a la parrilla
Schnepfenbrüstchen	Suprême de bécasse	Breast of woodcock	Petto di beccaccia	Suprema de becada
Schnepfenpastete	Pâté de bécasses	Woodcock pâté	Pâté di beccaccia	Paté de becada
Steinhuhn	Bartavelle, perdrix grecque	Rock partridge[1]	Coturnice	Perdiz griega
Stockente	Canard sauvage	Mallard, wild duck	Anatra selvatica	Pato silvestre
Sumpfschnepfe	Bécassine	Snipe	Beccaccino	Becacina
Teichhuhn	Poule d'eau	Moorhen, waterhen	Gallinella d'acqua	Polla de agua, rascón
Wachteln	Cailles	Quails	Quaglie	Codornices
~ gebraten	~ rôties	Roast quails	~ arrosto	~ asadas
~ geschmort	~ en cocotte	Casserole of quails	~ in casseruola	~ en cacerola
~ im Nestchen	~ au nid	Quails in nest	~ nel nido	~ al nido
~ mit Reis	~ au riz	Quails with rice	~ al riso	~ con arroz
~ vom Spieß	~ à la broche	Spit-roasted quails	~ allo spiedo	~ al asador
~ in Weinblättern	~ aux feuilles de vigne	Quails in vine leaves	~ in foglia di vite	~ en hojas de vid
~ nach Winzerart (mit Weintrauben)	~ à la vigneronne (au raisin)	Quails with grapes	~ alla vignaiola (all uva)	~ a la viñadora (con uvas)
Wachtelbrüstchen	Suprêmes de cailles	Breast of quails	Petti di quaglia	Pechugas de codorniz
Wachtelrisotto	Risotto de cailles	Quails with risotto	Risotto con le quaglie	Codornices con arroz
Wachtelterrine	Terrine de cailles	Terrine of quails	Terrina di quaglie	Terrina de codornices
Waldschnepfe s. Schnepfe				
Wasserhuhn	Foulque noire	Waterhen, coot	Folaga	Foja
Wildbraten	Rôti de venaison	Venison roast	Arrosto di cacciagione	Asado de venado
Wildente	Canard sauvage	Wild duck, mallard	Anatra selvatica[2]	Pato silvestre
~ mit Orangensauce	Canard sauvage à la bigarade	Wild duck with orange sauce	Anatra selvatica all'arancia	Pato silvestre a la naranja
Wildgulasch	Goulache de venaison	Game goulash	Gulasch di cacciagione	Gulasch de caza

1) or greek partridge - 2) o germano reale

Wildbret

Wildbret deutsch	**Gibier** französisch	**Game** englisch	**Selvaggina** italienisch	**Caza** spanisch
Wildkaninchen	Lapin de garenne	Wild rabbit	Coniglio selvatico	Conejo de monte
Wildpastete	Pâté de gibier	Game pâté	Pâté di cacciagione	Paté de caza
Wildragout	Ragoût de gibier	Game stew	Stufato di selvaggina	Estofado de caza
Wildsalat	Salade de gibier	Game salad	Insalata di cacciagione	Ensalada de caza
Wildschwein	Sanglier	Wild boar	Cinghiale	Jabalí
Wildschweinbraten	Sanglier rôti	Roast wild boar	Arrosto di cinghiale	Asado de jabalí
Wildschweinkotelett	Côtelette de sanglier	Wild boar cutlet	Costoletta di cinghiale	Chuleta de jabalí
Wildschweinskeule	Cuissot de sanglier	Leg of wild boar	Cosciotto di cinghiale	Pierna de jabalí
~ süß-sauer	Cuissot de sanglier à l'aigre-doux	Sweet-and-sour leg of wild boar	Cosciotto di cinghiale in agrodolce	~ de jabalí en agridulce
Wildschweinwurst	Saucisson de sanglier	Wild boar sausage	Salsiccia di cinghiale	Salchichón de jabalí
Wildtaube s. Ringeltaube				

Gemüse deutsch	**Légumes** französisch	**Vegetables** englisch	**Verdure** italienisch	**Verduras** spanisch
Algen	Algues	Seaweeds	Alghe	Algas
Ananaskraut	Choucroute à l'ananas	Pineapple sauerkraut	Crauti all'ananas	Chucrut con piña
Artischocken	Artichauts	Artichokes	Carciofi	Alcachofas
~ mit Tatarensauce	~ sauce tartare	~ tartare sauce	~ con salsa tartara	~ con salsa tártara
~ in Vinaigrette	~ à la vinaigrette	~ vinaigrette sauce	~ in insalata	~ con vinagreta
Artischockenböden	Fonds d'artichauts	Artichoke bottoms	Fondi di carciofo	Fondos de alcachofas
~ gefüllt	~ d'artichauts farcis	Stuffed artichoke bottoms	~ di carciofo ripieni	~ de alcachofas rellenos
Artischockenherzen	Cœurs d'artichauts	Artichoke hearts	Cuori di carciofo	Corazones de alcachofas
Auberginen	Aubergines	Aubergines, Am. eggplants	Melanzane	Berenjenas
~ frittiert	~ frites	Fried aubergines	~ fritte	~ fritas
~ gefüllt	~ farcies	Stuffed aubergines	~ ripiene	~ rellenas
Austernpilze	Pleurotes	Oyster mushrooms	Pleuroti[1]	Setas de cardo, pleurotos
Bambussprossen	Pousses de bambou	Bamboo shoots	Germogli di bambù	Brotes de bambú
Bataten	Patates douces	Sweet potatoes, Am. yams	Patate americane, batate	Batatas, boniatos
Blaukraut s. Rotkohl				
Blumenkohl	Chou-fleur	Cauliflower	Cavolfiore	Coliflor
~ in Butter sautiert	~ sauté	Sautéed cauliflower	~ al burro	~ salteada
~ englisch	~ à l'anglaise	Boiled cauliflower	~ lessato	~ a la inglesa
~ gratiniert	~ au gratin	Cauliflower cheese	~ gratinato	~ al gratén
~ auf polnische Art (mit Butterbröseln)	~ à la polonaise (à la mie de pain frite)	Cauliflower with fried breadcrumbs	~ alla polacca (con pan grattato rosolato)	~ a la polaca (con pan rallado frito)
Blumenkohlflan	Flan[2] de chou-fleur	Cauliflower mould	Sformato di cavolfiore	Flan de coliflor
Bohnen	Haricots	Beans, haricots	Fagioli	Judías, alubias
~ (grüne)	Haricots verts	French beans[3]	Fagiolini	Judías verdes
~ (rote)	~ rouges	Kidney beans	Fagioli rossi	~ pintas, ~ encarnadas
~ (weiße)	~ blancs	White beans, white haricots	Fagioli bianchi	~ blancas
Bohnenpüree	Purée de haricots	Bean purée	Purè di fagioli	Judías en puré
Brennnessel	Ortie	Nettle	Ortica	Ortiga

1) detti anche orecchiette e geloni - 2) dit aussi pain de chou-fleur - 3) or green beans

Gemüse deutsch	Légumes französisch	Vegetables englisch	Verdure italienisch	Verduras spanisch
Brokkoli	Brocolis	Broccoli	Broccoli	Bróculis, brécoles
Brunnenkresse	Cresson (de fontaine)	Cress, watercress	Crescione	Berro
Buttererbsen	Petits pois au beurre	Buttered peas	Piselli al burro	Guisantes salteados
Champignons	Champignons de Paris	Mushrooms, champignons	Funghi (coltivati)[1]	Champiñones
~ gegrillt	~ de Paris grillés	Broiled mushrooms	Funghi in gratella	~ a la parrilla
~ in Rahmsauce	~ de Paris à la crème	Creamed mushrooms	Funghi alla panna	~ a la crema
Chicorée	Endives	Chicory[2]	Indivia belga[3]	Endibias, endivias
~ geschmort	Endives braisées	Braised chicory	Indivia belga brasata	~ braseadas
Chinakohl	Chou chinois	Chinese cabbage	Cavolo cinese	Col de China
Dicke Bohnen	Fèves	Broad beans	Fave	Habas
Eierfrüchte s. Auberginen				
Eierschwämme	Girolles, chanterelles	Chanterelles	Gallinacci, finferli	Rebozuelos, cantarelas
Endivie	Chicorée frisée	Endive[4], frisée	Indivia riccia	Escarola
Erbsen	Petits pois	Peas, green peas	Piselli	Guisantes
~ auf französische Art	~ pois à la française	Peas with lettuce	~ alla francese	~ a la francesa
~ mit Minze	~ pois à la menthe	Minted peas	Piselli alla menta	~ con menta
~ im Nestchen	~ pois au nid	Peas in potato nests	Nidi di patate con piselli	~ en nidos de patatas
~ mit Schinken	~ pois au jambon	Green peas with ham	Piselli al prosciutto	~ con jamón
Feldsalat	Mâche, doucette	Lamb's lettuce, corn salad	Valerianella, soncino	Hierba de canónigos[5]
Fenchel	Fenouils	Fennel	Finocchi	Hinojos
~ gebacken	~ frits	Fried fennel	~ fritti	~ fritos
~ überbacken	~ au gratin	Fennel au gratin	~ gratinati	~ al gratén
Flageoletbohnen (unreife Bohnenkerne)	Flageolets	Flageolet beans (green kidney beans)	Fagioli verdi	Semillas verdes de judías
Frisée s. Endivie				
Frühgemüse	Primeurs	Early vegetables	Primizie	Verduras tempranas
Frühlingszwiebeln	Oignons nouveaux	Spring onions	Cipollotti	Cebolletas
Gartenkresse	Cresson alénois	Garden cress	Crescione d'orto	Mastuerzo

1) o champignons - 2) Am. Belgian (or French) endive - 3) o insalata belga - 4) Am. chicory - 5) o milamores

Gemüse deutsch	**Légumes** französisch	**Vegetables** englisch	**Verdure** italienisch	**Verduras** spanisch
Gedämpftes Gemüse	Légumes à la vapeur	Steamed vegetables	Verdure al vapore	Verduras al vapor
Gemüseflan	Flan aux légumes	Vegetable pudding	Sfomato di verdure	Flan de verduras
Gemüseplatte	Assiette de légumes variés	Assorted vegetables	Piatto di verdure miste	Surtido de legumbres
Gemüsequiche	Quiche aux légumes	Vegetable quiche	Quiche di verdura	Quiche de verdura
Gemüse der Saison	Légumes de saison	Vegetables in season	Verdure di stagione	Verduras de temporada
Gemüsestrudel	Strudel aux légumes	Vegetable strudel	Strudel di verdura	Strudel de verdura
Gemüsetarte	Tarte aux légumes	Vegetable tart	Torta di verdura	Torta de verdura
Gemüseterrine	Terrine de légumes	Vegetable terrine	Terrina di verdure	Terrina de verdura
Grillgemüse	Légumes grillés	Grilled vegetables	Verdure grigliate	Parrillada de verduras
Grüne Bohnen	Haricots verts	French beans, green beans	Fagiolini	Judías verdes
~ Bohnen mit Béchamel	~ verts à la béchamel	Béchamel beans	Fagiolini alla besciamella	~ verdes con bechamel
~ Bohnen mit Butter	~ verts à l'anglaise	Buttered French beans	Fagiolini al burro	~ verdes a la inglesa
Grünkohl	Chou vert	Kale	Cavolo verde	Col verde
Gurken	Concombres	Cucumbers	Cetrioli	Pepinos
~ gefüllt	~ farcis	Stuffed cucumbers	~ ripieni	~ rellenos
~ geschmort	~ braisés	Stewed cucumbers	~ stufati	~ estofados
Hallimasche	Armillaires	Honey mushrooms	Chiodini	Armilarias
Hopfensprossen	Jets de houblon	Hop sprouts	Cime di luppolo	Retoños de lúpulo
Kaiserlinge (Kaiserpilze)	Oronges	Mushrooms	Ovoli	Oronjas
Kardonen	Cardons	Cardoons	Cardi	Cardos
~ mit Marksauce	~ à la moelle	~ with marrow sauce	~ al midollo	~ con tuétano
Karotten	Carottes	Carrots	Carote	Zanahorias
~ glasiert	~ glacées	Glazed carrots	~ glassate	~ glaseadas
~ in Rahmsauce	~ à la crème	Carrots in cream	~ alla panna	~ a la crema
Kastanien, glasiert	Châtaignes glacées	Glazed chestnuts	Castagne glassate	Castañas glaseadas
Kichererbsen	Pois chiches	Chickpeas	Ceci	Garbanzos
Kirschtomaten	Tomates cerises	Cherry tomatoes	Pomodorini ciliegia	Tomates cereza[1]
Knollensellerie	Céleri-rave	Celeriac	Sedano rapa	Apio nabo[2]

1) o tomatitos - 2) o apio rábano

Gemüse deutsch	Légumes französisch	Vegetables englisch	Verdure italienisch	Verduras spanisch
Knollenziest	Crosnes	Japanese artichokes	Tuberine	Stachys
Kohl	Chou	Cabbage	Cavolo	Col, berza, repollo
Kohlrabi	Chou-rave	Kohlrabi	Cavolo rapa	Colinabo
Kohlroulade	Paupiette de choux	Stuffed cabbage	Involtino di cavolo	Col rellena
Kohlrüben s. Steckrüben				
Kopfsalat	Laitues	Lettuce	Lattughe	Lechugas
~ geschmort	~ braisées	Braised lettuce	~ brasate	Lechugas braseadas
Kraut s. Kohl				
Kren	Raifort	Horseradish	Cren, rafano	Rábano picante
Kresse	Cresson	Cress, watercress	Crescione	Berro
Kürbis	Potiron, citrouille	Pumpkin, squash	Zucca	Calabaza
Lauch	Poireaux	Leek	Porri	Puerros
Lauchzwiebeln	Oignons nouveaux	Spring onions	Cipollotti	Cebolletas
Linsen	Lentilles	Lentils	Lenticchie	Lentejas
~ mit Speck	~ au lard	~ with bacon	~ con pancetta	~ con tocino
Löwenzahn	Pissenlit, dent-de-lion	Dandelion	Dente di leone, tarassaco	Diente de león
Maipilze (Mairitterlinge)	Mousserons	Mushrooms	Funghi prugnoli	Mucerones, mojardones
Mairüben	Navets	Turnips	Rape	Nabos
Mais	Maïs doux	Sweetcorn, maize	Mais	Maíz
Maiskolben	Épis de maïs	Corn on the cob	Pannocchia di granturco	Mazorca de maíz
~ vom Grill	Épis de maïs grillé	Grilled corn on the cob	~ di granturco alla griglia	~ de maíz asada
Mangold	Bettes, blettes	(Swiss) chards[1]	Bietole	Acelgas
~ in Sahnesauce	~ à la crème	Swiss chards in cream	~ alla panna	~ a la crema
Maronen	Marrons	Chestnuts	Marroni	Castañas
Meerkohl	Chou marin	Seakale	Cavolo marittimo	Col marina
Meerrettich	Raifort	Horseradish	Rafano, cren	Rábano picante
Meerrettichsahne	~ à la crème	Creamed horseradish	Rafano alla panna	~ picante a la crema
Mischgemüse	Macédoine de légumes[2]	Mixed vegetables	Macedonia di verdure	Macedonia de verduras

1) also spinach beets - 2) ou jardinière (de légumes)

Gemüse deutsch	**Légumes** französisch	**Vegetables** englisch	**Verdure** italienisch	**Verduras** spanisch
Möhren s. Karotten				
Morcheln	Morilles	Morels	Spugnole, morchelle	Colmenillas, morillas
~ in Sahnesauce	~ à la crème	~ with cream sauce	~ alla panna	~ a la crema
Morcheltorte	Tourte aux morilles	Morel tart	Torta di spugnole	Torta de colmenillas
Okraschoten	Gombos	Okra pods	Gombi	Gombos
Palmherzen	Cœurs de palmier	Palm hearts	Cuori di palma	Palmitos
Paprikaschoten	Poivrons	Peppers, pimientos	Peperoni	Pimientos
~ gefüllt	Poivrons farcis	Stuffed green peppers	Peperoni ripieni	~ rellenos
~ gegrillt	Poivrons grillés	Grilled peppers	Peperoni grigliati	~ a la parrilla
~ (grüne)	Poivrons verts	Green peppers	Peperoni verdi	~ verdes
~ (rote)	Poivrons rouges	Red peppers	Peperoni rossi	~ rojos, ~ encarnados
Parasolpilze	Coulemelles	Parasol mushrooms	Mazze di tamburo	Parasoles, apagadores
Pastinake	Panais	Parsnip	Pastinaca	Chirivías
Perlzwiebeln	Petits oignons	Pearl onions	Cipolline	Cebollitas
Pfifferlinge	Girolles, chanterelles	Chanterelles	Gallinacci, finferli	Rebozuelos, cantarelas
Pilze	Champignons	Mushrooms	Funghi	Setas, hongos
Porree	Poireaux	Leek	Porri	Puerros
~ überbacken	~ au gratin	Leek au gratin	Porri gratinati	Puerros gratinados
Portulak	Pourpier	Purslane	Portulaca	Verdolaga
Puffbohnen	Fèves	Broad beans	Fave	Habas
Püree von Champignons	Purée de champignons	Mushroom purée	Purè di funghi	Puré de champiñones
~ von Erbsen	~ Saint-Germain	Pea purée	~ di piselli	~ de guisantes
~ von Linsen	~ de lentilles	Lentil purée	~ di lenticchie	~ de lentejas
~ von Maronen	~ de marrons	Chestnut purée	~ di marroni	~ de castañas
~ von weißen Rüben	~ de navets	Mashed turnips	~ di rape	~ de nabos
~ von Zwiebeln	~ Soubise, ~ d'oignons	Onion purée	~ di cipolle	~ de cebollas
Radicchio	Trévise, chicorée rouge	Radicchio[1]	Radicchio	Achicoria
~ vom Grill	Trévise grillée	Grilled radicchio	~ alla griglia	~ roja a la parrilla

1) a red-leaved chicory

Gemüse deutsch	**Légumes** französisch	**Vegetables** englisch	**Verdure** italienisch	**Verduras** spanisch
Radieschen	Radis roses	Radishes	Ravanelli	Rabanitos
Rahmspinat	Épinards à la crème	Creamed spinach	Spinaci alla panna	Espinacas a la crema
Ratatouille (provenzalisches Gemüseragout)	Ratatouille niçoise (ragoût de légumes variés)	Ratatouille (Provençal stew of vegetables)	Peperonata alla nizzarda	Ratatouille (especie de pisto)
Rauke	Roquette	Rocket, sweet rocket	Rucola, ruchetta	Oruga
Reizker	Lactaires	Saffron milk caps	Lattari, lattaioli	Níscalos, robellones
Rettich	Radis (noir)	Radish, black radish	Rafano, ramolaccio	Rábano
Rohkost der Saison	Crudités de saison	Crudités in season	Crudità di stagione	Crudités del tiempo
Rohkostplatte	Assiette de crudités	Crudités (raw vegetables)	Crudità (verdure crude)	Crudités (legumbres crudas)
Römersalat	Romaine, laitue romaine	Romaine, cos lettuce	Lattuga romana	Lechuga romana
Rosenkohl	Choux de Bruxelles	Brussels sprouts	Cavolini di Bruxelles	Coles de Bruselas
~ überbacken	~ de Bruxelles gratinés	Brussels sprouts au gratin	~ di Bruxelles gratinati	~ de Bruselas gratinadas
Rote Beten (Rote Rüben)	Betteraves	Beetroots	Barbabietole	Remolachas
Rotkohl	Chou rouge	Red cabbage	Cavolo rosso	Lombarda, col lombarda
~ auf flämische Art (mit Äpfeln)	~ rouge à la flamande (aux pommes fruits)	Red cabbage, Flemish style (with apples)	~ rosso alla fiamminga (con mele)	Lombarda con manzanas
~ mit Maronen	~ rouge à la limousine (aux marrons)	Red cabbage with chestnuts	~ rosso alla limosina (con marroni)	Lombarda a la lemosina (con castañas)
Rucola s. Rauke				
Saubohnen	Fèves	Broad beans[1]	Fave	Habas
Sauerampfer	Oseille	Sorrel	Acetosa, acetosella	Acedera
Sauerkraut	Choucroute	Sauerkraut	Crauti	Chucrut
Schalotten	Échalotes	Shallots	Scalogni	Chalotes, escalonias
~ in Rotwein	~ au vin rouge	~ in red wine	~ al vino rosso	~ en vino tinto
Schirmpilze	Coulemelles	Parasol mushrooms	Mazze di tamburo	Parasoles, apagadores
Schnittlauch	Ciboulette	Chives	Erba cipollina	Cebollino
Schwarzwurzeln	Salsifis	Salsify	Scorzonera	Salsifí
~ frittiert	Salsifis frits	Fried salsify	~ fritta	~ frito

1) Am. also fava beans

Gemüse deutsch	**Légumes** französisch	**Vegetables** englisch	**Verdure** italienisch	**Verduras** spanisch
Schwarzwurzeln mit Mayonnaise	Salsifis à la mayonnaise	Salsify with mayonnaise	Scorzonera con maionese	Salsifí con mayonesa
Sellerie	Céleris	Celery	Sedani	Apio
~ gedünstet	~ braisés	Braised celery	~ brasati	~ estofado
~ gratiniert	~ gratinés	Celery au gratin	~ al gratin	~ gratinado
~ in Jus	~ au jus	Celery in gravy	~ al sugo di carne	~ con jugo de carne
~ mit Remouladensauce	Céleri rémoulade	Celery rémoulade	Sedano con maionese	Apio nabo con mayonesa
Silberzwiebeln	Petits oignons	Pearl onions	Cipolline	Cebollitas
Sojabohnensprossen	Germes de soja	Soy-bean sprouts	Germogli di soia	Brotes de soja
Spargel	Asperges	Asparagus	Asparagi	Espárragos
~ (grüner)	~ vertes	Green asparagus	~ verdi	~ verdes
~ auf polnische Art (mit Butterbröseln)	~ à la polonaise (à la mie de pain frite)	Asparagus with fried breadcrumbs	~ alla polacca (con pan grattato rosolato)	~ a la polaca (con pan rallado frito)
~ mit Sauce Hollandaise	~ sauce hollandaise	~ sauce hollandaise	~ con salsa olandese	~ en salsa holandesa
~ überbacken	~ au gratin	~ au gratin	~ gratinati	~ al gratén
~ mit Vinaigrette	~ à la vinaigrette	~ vinaigrette sauce	~ con salsa vinaigrette	~ a la vinagreta
~ mit zerlassener Butter	~ au beurre fondu	~ with melted butter	~ al burro fuso	~ con mantequilla fundida
~ (wilder)	~ sauvages	Wild asparagus	~ selvatici	~ trigueros, ~ silvestres
Spargelkohl	Brocolis	Broccoli	Broccoli	Brécoles
Spargelsoufflé	Soufflé aux asperges	Asparagus soufflé	Soufflé di asparagi	Soufflé de espárragos
Spargelspitzen	Pointes d'asperges	Asparagus tips	Punte d'asparagi	Puntas de espárragos
~ in Rahmsauce	~ d'asperges à la crème	~ tips in cream	~ d'asparagi alla panna	Espárragos a la crema
Speckbohnen	Haricots blancs au lard	Beans and bacon	Fagioli con pancetta	Judías blancas con tocino
Spinat (Blattspinat)	Épinards	Spinach (leaf spinach)	Spinaci	Espinacas
~ mit Sahne	~ à la crème	Creamed spinach	~ alla panna	~ a la crema
~ mit Spiegelei	~ à l'œuf	Spinach with fried egg	~ all'uovo	~ con huevo
~ überbacken	~ au gratin	~ au gratin	~ gratinati	~ al gratén
Spinat-Flan	Flan d'épinards	Spinach pudding	Sformato di spinaci	Flan de espinacas

Gemüse deutsch	**Légumes** französisch	**Vegetables** englisch	**Verdure** italienisch	**Verduras** spanisch
Spinatpüree	Épinards en purée	Spinach purée	Spinaci passati	Espinacas en puré
Spinatroulade	Roulade d'épinards	Spinach roll	Rotolo di spinaci	Rollo de espinacas
Sprossen	Pousses, germes	Sprouts, shoots	Germogli	Brotes, retoños
Sprossenkohl s. Rosenkohl				
Steckrüben	Choux-navets, rutabagas	Swedes, Am. rutabagas	Rape, rutabaghe	Nabos
~ glasiert	Choux-navets glacés	Glazed swedes	Rape glassate	Nabos glaseados
Steinpilze	Cèpes	Mushrooms, ceps, cèpes	Porcini, funghi porcini	Setas, boletos
~ gegrillt	~ grillés	Grilled mushrooms	~ alla griglia	~ a la parrilla
~ auf provenzalische Art	~ à la provençale	Mushrooms Provençal	~ alla provenzale	~ a la provenzal
Steinpilzköpfe	Chapeaux de cèpes	Mushroom caps	Cappelle di porcini	Sombreros de setas
Stockschwämmchen	Albarelles	Mushrooms	Piopparelli, pioppini	Setas de chopo
Täublinge	Russules	Russulas	Russole, colombine	Carboneras[1]
Tomaten	Tomates	Tomatoes	Pomodori	Tomates
~ gefüllt	~ farcies	Stuffed tomatoes	~ ripieni	~ rellenos
~ gegrillt	~ grillées	Grilled tomatoes	~ alla griglia	~ a la parrilla
~ getrocknet	~ séchées	Dried tomatoes	~ secchi	~ secados
~ auf provenzalische Art (gratinierte Tomaten)	~ à la provençale (tomates gratinées)	Baked tomatoes Provençal	~ alla provenzale (pomodori gratinati)	~ a la provenzal (tomates al gratén)
~ mit Reis gefüllt	~ farcies de riz	Rice-stuffed tomatoes	~ ripieni di riso	~ rellenos de arroz
Topinamburs	Topinambours	Jerusalem artichokes	Topinambur	Aguaturmas, tupinambos
Totentrompeten	Trompettes-des-morts	Mushrooms	Trombette dei morti	Setas
Trüffeln	Truffes	Truffles	Tartufi	Trufas
~ in Asche gegart	~ sous la cendre	~ baked in ashes	~ sotto la cenere	~ a la brasa
~ (schwarze)	~ noires	Black truffles	~ neri	~ negras
~ (weiße)	~ blanches	White truffles	~ bianchi	~ blancas
Vegetarier-Frikadellen	Fricadelles de légumes	Vegetarian cakes	Polpette di verdura	Albóndigas de verdura
Waldpilze	Champignons sauvages	Wild mushrooms	Funghi di bosco	Setas silvestres
Weiße Bohnen	Haricots blancs	White beans, white haricots	Fagioli bianchi	Judías blancas

1) o setas de cura

Gemüse deutsch	**Légumes** französisch	**Vegetables** englisch	**Verdure** italienisch	**Verduras** spanisch
Weiße Rüben	Navets	Turnips	Rape	Nabos
Weißkohl	Chou blanc, chou pommé	White cabbage	Cavolo bianco	Repollo, col blanca
~ geschmort	Chou blanc braisé	Braised cabbage	Cavolo brasato	Repollo estofado
Wildkräuter	Herbes sauvages	Wild herbs	Erbe spontanee	Hierbas espontáneas
Wintergemüse	Légumes d'hiver	Winter vegetables	Verdura invernale	Verduras de invierno
Winterkohl s. Grünkohl				
Wirsing	Chou frisé, chou de Milan	Savoy (cabbage)	Verza	Col rizada
~ gefüllt	Chou frisé farci	Stuffed savoy bundles	Verza ripiena	Col rizada rellena
Wirsing-Päckchen	Paquets de chou frisé	Savoy cabbage parcels	Fagottini di verza	Bolsitas de col rizada
Wirsingstrudel	Strudel au chou frisé	Savoy cabbage strudel	Strudel di verza	Strudel de col rizada
Zichorie	Chicorée sauvage	Wild endive	Cicoria selvatica	Achicoria silvestre
Zucchini	Courgettes	Courgettes[1)]	Zucchini , zucchine	Calabacines
~ frittiert	~ frites	Fried courgettes	Zucchini fritti	~ fritos
~ gefüllt	~ farcies	Baked stuffed courgettes	Zucchini ripieni	~ rellenos
Zucchiniblüten, gebacken	Fleurs de courge frites	Fried squash blossoms	Fiori di zucca fritti	Flores de calabacines fritas
Zucchinigratin	Gratin de courgettes	Courgettes au gratin	Gratin di zucchine	Gratén de calabacines
Zuckerschoten	Pois gourmands[2)]	Sugar peas[3)]	Taccole, piselli mangiatutto	Tirabeques[4)]
Zwiebeln	Oignons	Onions	Cipolle	Cebollas
~ gebacken	~ frits	Fried onion rings	~ fritte	~ fritas
~ geschmort	~ braisés	Stewed onions	~ brasate	~ estofadas
~ glasiert	~ glacés	Glazed onions	~ glassate	~ glaseadas
Zwiebelkuchen	Tarte à l'oignon	Onion tart	Torta di cipolle	Tarta de cebolla

1) Am. zucchini(s) - 2) ou pois mange-tout - 3) or mangetout peas - 4) o guisantes mollares

Kartoffeln

Kartoffeln deutsch	**Pommes de terre** französisch	**Potatoes** englisch	**Patate** italienisch	**Patatas** spanisch
Anna-Kartoffeln (Kartoffelfladen)	Pommes Anna (galette de pommes de terre)	Potatoes Anna (potato cake)	Patate Anna (tortino di patate)	Patatas Ana (pastel de patatas)
Bäckerin-Kartoffeln (mit Zwiebeln überbacken)	~ boulangère (cuites au four avec oignons)	Boulangère potatoes (baked with onions)	~ alla fornaia (cotte in forno con cipolle)	~ a la panadera (asadas al horno con cebollas)
Bataten s. Süßkartoffeln				
Béchamelkartoffeln	~ à la béchamel	Béchamel potatoes	~ alla besciamella	~ con bechamel
Berny-Kartoffeln (Kartoffelkroketten mit Mandeln paniert)	~ Berny, ~ amandines	Croquette potatoes amandine	~ Berny (crocchette di patate alle mandorle)	~ Berny (croquetas empanadas con almendras)
Bouillonkartoffeln	~ au bouillon	Bouillon potatoes	~ cotte nel brodo	~ caldosas
Bratkartoffeln	~ rôties, ~ sautées	Roast potatoes, fried potatoes[1]	~ arrosto, ~ saltate	~ asadas, ~ salteadas
Chips	~ chips	(Potato) chips	Patate chips, patatine	~ fritas (a la inglesa)
Dampfkartoffeln	~ vapeur	Steamed potatoes	Patate al vapore	~ al vapor
Dauphine-Kartoffeln (Kartoffelkroketten)	~ dauphine (croquettes en forme de boulette)	Dauphine potatoes (potato croquettes)	~ dauphine (crocchette di patate)	~ a la delfina (croquetas en forma de tapón)
Dillkartoffeln	~ à l'aneth	Dill potatoes	~ all'aneto	~ con eneldo
Duchesse-Kartoffeln (überbackene Kartoffelkroketten)	~ duchesse (pommes croquettes dorées au four)	Duchesse potatoes (oven-cooked croquette potatoes)	~ duchessa (crocchette di patate cotte in forno)	~ duquesa (croquetas cocidas al horno)
Folienkartoffeln	~ en papillotes	Potatoes en papillote	~ al cartoccio	~ en papillote
Frühkartoffeln	~ nouvelles	New potatoes	~ novelle	~ tempranas
Gefüllte Kartoffeln	~ farcies	Stuffed potatoes	~ ripiene	~ rellenas
Geröstete Kartoffeln	~ rôties	Roast potatoes	~ arrostite, ~ arrosto	~ asadas
Grillkartoffeln	~ grillées	Grilled potatoes	~ grigliate	~ a la parrilla
Herzogin-Kartoffeln s. Duchesse-Kartoffeln				
Kartoffelauflauf	Gratin de pommes	Potato gratin	Gratin di patate	Gratén de patatas

1) also sauté potatoes

Kartoffeln deutsch	**Pommes de terre** französisch	**Potatoes** englisch	**Patate** italienisch	**Patatas** spanisch
Kartoffelchips	Pommes chips	(Potato) chips	Patate chips, patatine	Patatas fritas a la inglesa
Kartoffelgnocchi	Gnocchi à la piémontaise	Potato gnocchi	Gnocchi di patate	Ñoqui de patatas
Kartoffelgratin	Gratin dauphinois	Potato gratin	Gratin di patate	Gratén de patatas
Kartoffelkroketten	Pommes croquettes[1]	Potato croquettes	Crocchette di patate	Croquetas de patata
Kartoffeln in der Schale	Pommes en chemise	Jacket potatoes[2]	Patate in camicia	Patatas con su piel
Kartoffelnest	Nids de pommes paille	Potato nests	Nidi di patate	Nidos de patatas
Kartoffelpuffer	Galettes de pommes	Potato cakes	Frittelle di patate	Pastelitos de patata
Kartoffelpüree	Pommes mousseline[3]	Mashed potatoes	Purè di patate	Puré de patatas
Kartoffelravioli	Raviolis aux pommes de terre	Potato ravioli	Ravioli di patate	Raviolis de patata
Kartoffelsalat	Pommes de terre en salade[4]	Potato salad	Patate in insalata	Patatas en ensalada
Kümmelkartoffeln	~ au cumin	Caraway potatoes	Patate al comino	Patatas al comino
Lorette-Kartoffeln (Käse-Kroketten)	~ Lorette (pommes croquettes au fromage)	Lorette potatoes (cheesy potato croquettes)	~ Lorette (crocchette al formaggio)	~ Lorette (croquetas con queso)
Lyoner Kartoffeln (mit Zwiebeln)	~ à la lyonnaise (sautées aux oignons)	Lyonnaise potatoes (fried with onions)	~ alla lionese (rosolate con cipolle)	~ a la lionesa (salteadas con cebolla)
Macaire-Kartoffeln (Kartoffelkuchen)	~ Macaire (galette de pommes)	Macaire potatoes (potato cake)	~ Macaire (tortino di patate)	~ Macaire (pastel de patatas)
Maître d'hôtel-Kartoffeln (Kartoffeln mit Petersilie und Butter)	~ maître d'hôtel (pommes au beurre et persil)	Maître d'hôtel potatoes (potatoes with parsley and butter)	~ alla maître d'hôtel (patate con burro e prezzemolo)	~ a la maître d'hôtel (patatas con perejil y mantequilla)
Mandelkroketten	~ de terre amandines	Croquette potatoes amandine	Crocchette di patate alle mandorle	Croquetas de patatas con almendras
Neue Kartoffeln	~ nouvelles	New potatoes	Patate novelle	Patatas nuevas
Nusskartoffeln	~ noisettes (rissolées en forme de noisette)	Noisette potatoes (nut-shaped fried potatoes)	~ nocciola (patate in forma di nocciola)	~ salteadas (en forma de avellana)

1) ou croquettes de pommes de terre - 2) or potatoes in their jackets - 3) ou pommes de terre en purée - 4) ou pommes de terre à l'huile

Kartoffeln deutsch	**Pommes de terre** französisch	**Potatoes** englisch	**Patate** italienisch	**Patatas** spanisch
Ofenkartoffeln (in der Schale gebacken)	Pommes rôties au four	Baked jacket potatoes	Patate al forno in camicia	Patatas asadas con su piel
Olivenkartoffeln	~ château	Olive potatoes	~ saltate	~ salteadas
Pariser Kartoffeln (Nusskartoffeln)	~ à la parisienne (pommes noisettes)	Parisienne potatoes (noisette potatoes)	~ alla parigina (patate nocciola)	~ a la parisiense (patatas en forma de avellana)
Parmentier-Kartoffeln (gebratene Kartoffelwürfel)	~ Parmentier (pommes en dés, sautées au beurre)	Parmentier potatoes (cube-shaped and fried)	~ Parmentier (patate a dadi rosolate nel burro)	~ Parmentier (salteadas en forma de dado)
Pellkartoffeln	~ en robe des champs[1]	Jacket potatoes	~ in camicia	~ hervidas con su piel
Petersilienkartoffeln	~ persillées	Parsley potatoes	Patate al prezzemolo	Patatas al perejil
Pommes allumettes	~ allumettes	Shoestring potatoes	~ fritte	~ cerilla
~ frites	~ frites, ~ pont-neuf	French fried potatoes[2]	Patate fritte	Patatas fritas
~ soufflées (zweimal frittiert)	~ soufflées	Soufflé potatoes (twice-fried in deep fat)	~ soffiate (fritte due volte)	~ soufflées (patatas fritas dos veces)
Pont-Neuf-Kartoffeln (Pommes frites)	~ pont-neuf (pommes frites en bâtonnets)	Pont-Neuf potatoes (French-fried potatoes)	~ Pont-Neuf (patate fritte)	~ Pont-Neuf (patatas fritas)
Rahmkartoffeln	~ à la crème	Creamed potatoes	~ alla panna, ~ alla crema	~ a la crema
Reibekuchen s. Kartoffelpuffer				
Rosmarinkartoffeln	~ au romarin	Rosemary potatoes	~ al rosmarino	~ al romero
Röstkartoffeln s. Bratkartoffeln				
Salzkartoffeln	~ à l'anglaise, ~ nature	Boiled potatoes	~ lesse	~ hervidas
Savoyer Kartoffelgratin (mit Bouillon und Käse)	Gratin savoyard (gratin de pommes au bouillon et fromage)	Savoy potatoes (potato bake with broth & cheese)	~ alla savoiarda (gratinate con brodo e formaggio)	~ a la saboyarda (gratinadas con caldo y queso)
Schaumkartoffeln (Kartoffelpüree)	Pommes mousseline[3] (purée de pommes)	Mousseline potatoes (mashed potatoes)	~ mousseline (purè di patate)	~ mousseline (puré de patatas)

1) ou pommes en chemise - 2) also chips, Am. french fries - 3) ou purée mousseline

Kartoffeln deutsch	Pommes de terre französisch	Potatoes englisch	Patate italienisch	Patatas spanisch
Schlosskartoffeln (olivenförmige Bratkartoffeln)	Pommes château (tournées en grosses olives et sautées)	Château potatoes (olive-shaped fried potatoes)	Patate saltate (a forma di grosse olive)	Patatas castillo (salteadas en forma de aceitunas)
Schmelzkartoffeln	~ fondantes	Fondant potatoes	~ fondenti	~ fundientes
Schmorkartoffeln	~ à l'étuvée	Stewed potatoes	~ in umido	~ guisadas
Schwenkkartoffeln	~ sautées, ~ rissolées	Sauté potatoes	~ saltate	~ salteadas
Sesamkartoffeln	~ au sésame	Sesame potatoes	~ al sesamo	~ al sésamo
Speckkartoffeln	~ au lard	Bacon potatoes	~ con pancetta	~ con tocino
Streichholzkartoffeln	Pommes allumettes	Shoestring potatoes, julienne potatoes	Patate fritte (a forma di fiammifero)	Patatas cerilla
Strohkartoffeln	~ paille	Straw potatoes	~ fritte, ~ paglia	~ paja
Süßkartoffeln	Patates douces	Sweet potatoes[1]	~ americane	Batatas, boniatos
Thymiankartoffeln	Pommes au thym	Thyme potatoes	~ al timo	Patatas al tomillo
Trüffelkartoffeln	Pommes aux truffes	Truffled potatoes	~ tartufate	Patatas trufadas
Überbackene Kartoffeln	Pommes au gratin	Potatoes au gratin	~ gratinate	Patatas al gratén
Überraschungskartoffeln	~ en surprise	Surprise potatoes	~ a sorpresa	~ sorpresa
Voisin-Kartoffeln (Kartoffeltörtchen mit Butter und Käse)	~ Voisin (galette de pommes au beurre et fromage)	Voisin potatoes (potato cake with cheese and butter)	~ Voisin (tortino di patate, burro e formaggio)	~ Voisin (pastel de patatas, mantequilla y queso)
Waffelkartoffeln	~ gaufrettes	Waffle potatoes	~ fritte	~ fritas (en forma de barquillos)
Zwiebelkartoffeln	~ aux oignons	Onion potatoes	~ con cipolle	~ con cebolla

1) also batatas, Am. yams

Teigwaren und Reis

Teigwaren und Reis deutsch	**Pâtes et riz** französisch	**Farinaceous dishes** englisch	**Pasta e riso** italienisch	**Pastas italianas, arroz** spanisch
Bandnudeln	Nouilles,tagliatelles	Noodles, tagliatelle	Tagliatelle	Tallarines
~ in Sahnesauce	Nouilles à la crème	~ in cream sauce	Tagliatelle alla panna	~ a la crema
Bärlauchgnocchi	Gnocchis à l'ail sauvage	Wild garlic gnocchi	Gnocchi all'aglio orsino	Ñoquis de ajo de oso
Buchweizencrêpes	Crêpes de sarrasin	Buckwheat crêpes	Crêpes di grano saraceno	Crepes de trigo sarraceno
Buchweizenpolenta	Polenta de sarrasin	Buckwheat polenta	Polenta nera	Polenta de trigo sarraceno
Butternudeln	Nouilles au beurre	Butter noodles	Tagliatelle al burro	Tallarines con mantequilla
Butterreis	Riz au blanc	Butter rice	Riso in bianco	Arroz blanco
Cannelloni auf Nizzaer Art	Cannelloni à la niçoise	Cannelloni à la niçoise	Cannelloni alla nizzarda	Canelones a la nizarda
~ mit Spinatfüllung	~ à la florentine	Florentine cannelloni	~ con gli spinaci	~ de espinacas
Crêpes mit Gemüse	Crêpes aux legumes	Vegetable crêpes	Crespelle[1] con verdura	Crepes con verdura
~ mit Schinken	~ au jambon	Crêpes with ham	~ al prosciutto	~ con jamón
~ mit Spinat	~ à la florentine	~ with spinach	~ con spinaci	~ con espinacas
Curryreis	Riz au curry	Curried rice	Riso al curry	Arroz al curry
Dinkelnudeln	Tagliatelles d'épeautre	Spelt noodles	Tagliatelle di farro	Tallarines de espelta
Dinkelrisotto	Risotto d'épeautre	Spelt risotto	Risotto di farro	Risotto de espelta
Eiernudeln	Pâtes aux œufs	Egg noodles	Pasta all'uovo	Pastas de huevo
Fadennudeln	Vermicelles	Vermicelli	Vermicelli	Fideos
Fastenravioli	Raviolis au maigre	Meatless ravioli	Ravioli di magro	Raviolis de vigilia
Fischravioli	Raviolis de poisson	Fish ravioli	Ravioli di pesce	Raviolis de pescado
Fischrisotto	Risotto de poisson	Fish risotto	Risotto di pesce	Arroz de pescado
Frische Nudeln	Pâtes fraîches	Fresh noodles	Pasta fresca	Pastas frescas
Glasnudeln	Vermicelles chinois	Chinese noodles	Vermicelli cinesi	Fideos de arroz
Gnocchi	Gnocchis, gnocchi	Gnocchi (dumplings)	Gnocchi	Ñoquis
Graupenrisotto	Risotto d'orge	Barley risotto	Risotto d'orzo	Risotto de cebada
Grüne Bandnudeln	Nouilles vertes	Green noodles	Tagliatelle verdi	Tallarines verdes
Ingwerreis	Riz au gingembre	Ginger rice	Riso allo zenzero	Arroz con jengibre
Kartoffelgnocchi	Gnocchis à la piémontaise	Potato gnocchi	Gnocchi di patate	Ñoquis de patatas
Käsenockerln	Noques au fromage	Cheese dumplings	Gnocchi al formaggio	Albóndigas de queso

1) → crêpes

Teigwaren und Reis deutsch	**Pâtes et riz** französisch	**Farinaceous dishes** englisch	**Pasta e riso** italienisch	**Pastas italianas, arroz** spanisch
Kreolenreis	Riz créole	Creole rice	Riso alla creola	Arroz a la criolla
Kürbisgnocchi	Gnocchis au potiron	Pumpkin gnocchi	Gnocchi di zucca	Ñoquis de calabaza
Kuskus	Couscous	Couscous	Cuscus	Cuscús
Lasagne	Lasagnes	Lasagne	Lasagne	Lasaña
Leberknödel	Boulettes de foie	Liver dumplings	Canederli di fegato	Albóndigas de hígado
Makkaroni	Macaronis	Macaroni	Maccheroni	Macarrones
~ gratiniert	~ au gratin	~ cheese, ~ mornay	~ gratinati	~ gratinados
~ mit Tomatensauce	~ sauce tomate	~ with tomato sauce	~ al pomodoro	~ con salsa de tomate
Makkaroni-Timbale	Timbale de macaronis	Macaroni timbale	Timballo di maccheroni	Timbal de macarrones
Nudeln	Nouilles, pâtes	Noodles, pasta	Pasta	Pastas
Nudelgratin	Pâtes au gratin	Baked noodles	Pasta al forno	Pasta al gratén
Pariser Gnocchi (aus Brandteig)	Gnocchis à la parisienne	Gnocchi à la parisienne (of choux pastry)	Gnocchi alla parigina	Ñoquis a la parisiense
Pfifferlingrisotto	Risotto aux girolles	Chanterelle risotto	Risotto con i finferli	Risotto de rebozuelos
Pilawreis	Riz pilaf	Pilaf rice, pilau rice	Riso pilaf	Arroz pilaf
Pilzravioli	Raviolis aux champignons	Mushroom ravioli	Ravioli di funghi	Raviolis de setas
Polenta (Maisbrei)	Polenta	Polenta	Polenta	Polenta (gachas de maíz)
Radicchioravioli	Raviolis à la trévise	Radicchio ravioli	Ravioli al radicchio	Raviolis de achicoria
Ravioli	Raviolis, ravioli	Ravioli	Ravioli	Raviolis, ravioles
~ mit Quarkfüllung	~ au fromage blanc	Cheese-filled ravioli	~ di ricotta	~ de requesón
Reis	Riz	Rice	Riso	Arroz
Reiskroketten	Croquettes de riz	Rice croquettes	Crocchette di riso	Croquetas de arroz
Reisring	Bordure de riz[1]	Rice ring	Corona di riso	Corona de arroz
~ mit Pilzen	~ de riz aux champignons	~ ring with mushrooms	~ di riso con funghi	~ de arroz con setas
Reis-Timbale	Timbale de riz	Rice timbale	Timballo di riso	Timbal de arroz
Risotto	Risotto	Risotto	Risotto	Risotto
~ mit Geflügelleber	~ aux foies de volaille	Chicken liver risotto	~ con fegatini	~ con higadillos de ave
~ mit Meeresfrüchten	~ aux fruits de mer	Seafood risotto	~ coi frutti di mare	~ de mariscos

1) ou couronne de riz

Teigwaren und Reis deutsch	**Pâtes et riz** französisch	**Farinaceous dishes** englisch	**Pasta e riso** italienisch	**Pastas italianas, arroz** spanisch
Risotto mit Radicchio	Risotto à la trévise	Radicchio risotto	Risotto al radicchio	Risotto con achicoria
~ mit Tintenfisch	~ aux seiches	Cuttlefish risotto	~ con le seppie	~ de jibia
~ mit Tomaten	~ à la tomate	Tomato risotto	~ al pomodoro	~ de tomate
~ mit Trüffeln	~ aux truffes	Truffle risotto	~ al tartufo	~ con trufas
Römische Gnocchi (Grießklößchen)	Gnocchis à la romaine (à la semoule)	Semolina gnocchi	Gnocchi alla romana (gnocchi di semolino)	Ñoquis a la romana (ñoquis de sémola)
Rote-Bete-Gnocchi	Gnocchis aux betteraves	Beetroot gnocchi	Gnocchi di barbabietola	Ñoquis de remolacha
Rote-Bete-Ravioli	Raviolis aux betteraves	Beetroot ravioli	Ravioli di barbabietole	Raviolis de remolacha
Safranreis	Riz au safran	Saffron rice	Riso allo zafferano	Arroz al azafrán
Semmelknödel	Boulettes de pain	Bread dumplings	Canederli di pane	Albóndigas de pan
Spaghetti	Spaghettis, spaghetti	Spaghetti	Spaghetti	Espaguetis
~ auf Bologneser Art (mit Fleischsauce)	~ à la bolonaise (avec petit ragoût de bœuf)	~ Bolognese (with minced meat sauce)	~ alla bolognese, ~ al ragù	~ a la boloñesa (con salsa de carne)
~ mit Sardellen	~ aux anchois	~ with anchovies	~ con le acciughe	~ con anchoas
~ mit Tomatensauce	~ sauce tomate	~ with tomato sauce	~ al pomodoro	~ con salsa de tomate
Spargelrisotto	Risotto aux asperges	Asparagus risotto	Risotto agli asparagi	Arroz con espárragos
Spätzle	Spätzle (petits gnocchi de farine)	Spätzle (small flour dumplings)	Spätzle (gnocchetti di farina)	Spätzle (ñoquis pequeños de harina)
Speckknödel	Boulettes au lard	Bacon dumplings	Canederli allo speck	Albóndigas con tocino
Spinatknödel	Boulettes aux épinards	Spinach dumplings	Canederli di spinaci	Albóndigas de espinacas
Spinatravioli	Raviolis aux épinards	Spinach ravioli	Ravioli di spinaci	Raviolis de espinacas
Steinpilzrisotto	Risotto aux cèpes	Mushroom risotto	Risotto ai funghi porcini	Risotto de setas
Tagliatelle	Tagliatelles	Tagliatelle, noodles	Tagliatelle	Tallarines
Tiroler Knödel	Boulettes à la tyrolienne	Tyrolean dumplings	Canederli tirolesi	Albóndigas tirolesas
Vermicelli	Vermicelles	Vermicelli	Vermicelli	Fideos
Vollreis	Riz complet	Brown rice	Riso integrale	Arroz integral[1)]
Wildreis	Riz sauvage	Wild rice	Riso selvaggio	Arroz salvaje
Zimtreis	Riz à la cannelle	Cinnamon rice	Riso alla cannella	Arroz a la canela

1) o arroz con cáscara

Salate

Salate deutsch	**Salades** französisch	**Salads** englisch	**Insalate** italienisch	**Ensaladas** spanisch
Einfache Salate	*Salades simples*	*Plain salads*	*Insalate semplici*	*Ensaladas sencillas*
Blattsalat	Salade verte	Leaf salad	Insalata verde	Ensalada verde
Blumenkohlsalat	~ de chou-fleur	Cauliflower salad	~ di cavolfiore	~ de coliflor
Bohnensalat	~ de haricots	Bean salad	~ di fagioli	~ de judías
~ (grüner)	~ de haricots verts	French bean salad	~ di fagiolini	~ de judías verdes
Brunnenkressesalat	~ de cresson	Watercress salad	~ di crescione	~ de berros
Champignonsalat	~ de champignons	Mushroom salad	~ di champignons	~ de champiñones
Chicoréesalat	~ d'endives	Chicory salad	~ d'indivia belga	~ de endibias
Endiviensalat	~ frisée	Endive salad, frisée salad	~ d'indivia	~ de escarola
Exotischer Salat	~ exotique	Exotic salad	~ esotica	~ exótica
Feldsalat	~ de mâche	Lamb's lettuce salad	~ di soncino	~ de hierba de canónigo
Fenchelsalat	~ de fenouil	Fennel salad	~ di finocchi	~ de hinojo
Friséesalat	~ (de chicorée) frisée	Frisée salad, endive salad	~ d'indivia riccia	~ de escarola
Grüner Salat	~ verte	Green salad	~ verde	~ verde
Gurkensalat	~ de concombres	Cucumber salad	~ di cetrioli	~ de pepino
Kartoffelsalat	~ de pommes (de terre)	Potato salad	~ di patate	~ de patatas
Kopfsalat	~ de laitue	Lettuce salad	~ di lattuga	~ de lechuga
Krabbensalat	~ de crevettes	Shrimp salad	~ di gamberetti	~ de gambas
Krautsalat	~ de chou	Cabbage salad, coleslaw	~ di cavolo	~ de coles
Linsensalat	~ de lentilles	Lentil salad	~ di lenticchie	~ de lentejas
Löwenzahnsalat	~ de pissenlits	Dandelion salad	~ di dente di leone	~ de diente de león
Mangoldsalat	~ de bettes	Spinach beet salad	~ di bietole	~ de acelgas
Palmherzensalat	~ de cœurs de palmier	Palm heart salad	~ di cuori di palma	~ de palmitos
Paprikasalat	~ de poivrons	Pepper salad	~ di peperoni	~ de pimientos
Pfifferlingsalat	~ de girolles	Chanterelle salad	~ di gallinacci	~ de rebozuelos
Pilzsalat	~ de champignons	Mushroom salad	~ di funghi	~ de setas
Radicchiosalat	~ de trévise	Radicchio salad	~ di radicchio	~ de achicoria

Salate

Salate deutsch	**Salades** französisch	**Salads** englisch	**Insalate** italienisch	**Ensaladas** spanisch
Radieschensalat	Salade de radis (roses)	Radish salad	Insalata di ravanelli	Ensalada de rabanitos
Raukesalat	~ de roquette	Rocket salad	~ di rucola	~ de oruga
Römersalat	~ romaine	Cos lettuce salad[1]	~ di lattuga romana	~ de lechuga romana
Rote-Bete-Salat	~ de betterave	Beetroot salad	~ di barbabietole	~ de remolacha
Rotkohlsalat	~ de chou rouge	Red cabbage salad	~ di cavolo rosso	~ de lombarda
Salat der Saison	~ de saison	Salad in season	~ di stagione	~ del tiempo
~ mit Speckwürfeln	~ aux lardons	Salad with bacon	~ al lardo	~ con tocino
Sauerkrautsalat	~ de choucroute	Sauerkraut salad	~ di crauti	~ de chucrut
Schwarzwurzelsalat	~ de salsifis	Black salsify salad	~ di scorzonera	~ de salsifí
Selleriesalat	~ de céleri	Celery salad	~ di sedano	~ de apio
~ (Knollenselleriesalat)	~ de céleri-rave	Celeriac salad	~ di sedano rapa	~ de apio-nabo
Spargelsalat	~ d'asperges	Asparagus salad	~ d'asparagi	~ de espárragos
Spinatsalat (roher)	~ d'épinards (crus)	(Raw) spinach salad	~ di spinaci (crudi)	~ de espinacas (crudas)
Sprossensalat	~ de pousses	Sprout salad	~ di germogli	~ de brotes
Steinpilzsalat	~ de cèpes	Mushroom salad	~ di porcini	~ de setas
Tomatensalat	~ de tomates	Tomato salad	~ di pomodori	~ de tomate
Warmer Kartoffelsalat	~ tiède de pommes de terre	Warm potato salad	~ tiepida di patate	~ tibia de patatas
Zucchinisalat	~ de courgettes	Courgette salad	~ di zucchine	~ de calabacines
Zusammengesetzte Salate	*Salades composées*	*Compound salads*	*Insalate composte*	*Ensaladas compuestas*
Bunter Salat	Salade mêlée	Fancy salad	Insalata capricciosa	Ensalada ilustrada
Fischsalat	~ de poisson	Fish salad	~ di pesce	~ de pescado
Francillon-Salat (Kartoffeln, Muscheln, Trüffeln)	~ Francillon (pommes de terre, moules et truffes)	Francillon salad (potatoes, mussels, truffles)	~ Francillon (patate, cozze e fettine di tartufi)	~ Francillon (patatas, mejillones y trufas)

1) also romaine salad

Salate deutsch	**Salades** französisch	**Salads** englisch	**Insalate** italienisch	**Ensaladas** spanisch
Frühlingssalat	Salade de printemps	Springtime salad	Insalata primaverile	Ensalada de primavera
Gemischter Salat	~ panachée, ~ variée	Mixed salad	~ mista	~ variada
Gurken-Tomaten-Salat	~ de concombres et tomates	Tomato and cucumber salad	~ di pomodori e cetrioli	~ de tomate y pepino
Herbstsalat	~ d'automne	Autumn salad	~ autunnale	~ de otoño
Ninon-Salat (Kopfsalat und Orangenspalten)	~ Ninon (salade de laitue à l'orange)	Ninon salad (lettuce & orange salad)	~ Ninon (lattuga e spicchi d'arance)	~ Ninon (lechuga y naranja)
Nizzaer Salat (Tomaten, Gurke, Paprikaschoten und Zwiebeln mit Sardellen und Oliven)	~ niçoise (tomates, concombres, poivrons, oignons avec filets d'anchois et olives)	Niçoise salad (tomatoes, cucumber, onions, green peppers with anchovies and olives)	~ nizzarda (pomodori, cetrioli, cipolle, peperoni con acciughe e olive nere)	~ nizarda (tomates, pepinos, cebollas, pimientos con anchoas y aceitunas negras)
Nudelsalat	~ de pâtes	Pasta salad, noodle salad	~ di pasta	~ de pasta
Reissalat	~ de riz	Rice salad	~ di riso	~ de arroz
Rohkostsalat	~ de crudités, ~ crue	Raw vegetable salad	~ di verdure crude	~ de verdura cruda
Russischer Salat	~ russe	Russian salad	~ russa	~ rusa[1]
Schwarzweißer Salat (Kartoffeln und Trüffeln)	~ demi-deuil (pommes de terre et truffes noires)	Black and white salad (potatoes & truffles)	~ bianca e nera (patate e tartufi neri)	~ medio luto (ensalada de patatas y trufas negras)
Sommersalat	~ d'été	Summer salad	~ estiva	~ de verano
Tomaten-Kopfsalat	~ de tomate et laitue	Lettuce and tomato salad	~ di pomodori e lattuga	~ de lechuga y tomate
Tomaten-Mozzarella-Salat	~ de tomates à la mozzarella	Tomato and mozzarella salad	~ caprese (di pomodori e mozzarella)	~ de tomate y mozzarella
Waldorfsalat (Äpfel, Knollensellerie, Walnüsse. Mayonnaise)	~ Waldorf (pommes reinettes, céleri-rave, noix. Mayonnaise)	Waldorf salad (apples, celeriac & walnuts. Mayonnaise)	~ Waldorf (sedano rapa, mele e noci. Maionese)	~ Waldorf (apio-nabo, manzanas y nueces. Mayonesa)

1) o ensaladilla rusa

Käse

Käse deutsch	Fromages französisch	Cheese englisch	Formaggi italienisch	Quesos spanisch
Blauschimmelkäse	Fromage persillé[1]	Blue cheese	Formaggio erborinato	Queso azul
Edamer	Hollande, édam	Edam (cheese)	Edam	Queso de bola
Edelpilzkäse	Fromage persillé, bleu	Blue cheese	Formaggio erborinato	Queso azul
Emmentaler	Emmenthal, emmental	Swiss cheese, emmenthal	Emmenthal	Emmenthal
Fondue (Käsefondue)	Fondue savoyarde	Fondue	Fondue, fonduta	Fondue de queso
Frischkäse	Fromage frais	Fresh cheese	Formaggio fresco	Queso fresco
Gorgonzola (Blauschimmelkäse)	Gorgonzola (fromage persillé)	Gorgonzola (blue cheese)	Gorgonzola (formaggio con venature verdi)	Gorgonzola (queso con mohos)
Gruyère (Greyerzer)	Gruyère	Gruyère, Swiss cheese	Groviera, gruviera	Queso gruyère
Holländer Käse	Hollande	Dutch cheese[2]	Olandese	Queso de Holanda
Käseauswahl	Assortiment de fromages	Selection of cheeses	Assortimento di formaggi	Surtido de quesos
Käsekroketten	Croquettes au fromage	Cheese croquettes	Crocchette al formaggio	Croquetas de queso
Käseplatte	Plateau de fromages	Cheeseboard	Formaggi assortiti	Surtido de quesos
Käsesoufflé	Soufflé au fromage	Cheese soufflé	Soufflé di formaggio	Soufflé de queso
Käsestangen	Paillettes au fromage	Cheese straws	Bastoncini al formaggio	Barritas de queso
Käsetörtchen	Ramequins	Cheese tartlets, ramekins	Tartellette al formaggio	Tartaletas de queso
Käsetorte (salzige)	Quiche au fromage	Cheese quiche	Torta al formaggio	Quiche de queso
Käsewagen	Chariot de fromages	Cheese trolley	Carrello dei formaggi	Carrito de quesos
Käsewindbeutel	Choux au fromage	Chou buns with cheese	Bignè al formaggio	Lionesas con queso
Kräuterkäse	Fromage aux herbes	Herb cheese	Formaggio alle erbe	Queso de hierbas
Kräuterquark	Fromage blanc aux herbes	Herb cottage cheese	Ricotta alle erbe	Requesón a las hierbas
Kümmelkäse	Fromage au cumin	Caraway cheese	Formaggio al comino	Queso de comino
Liptauer (Frischkäse aus Schafmilch)	Liptauer (fromage blanc de brebis)	Liptauer (curds of ewe's milk)	Liptauer (ricotta di latte di pecora)	Liptauer (requesón de leche de oveja)
Mascarpone (Doppelrahm-Frischkäse)	Mascarpone (fromage frais double-crème)	Mascarpone (white cheese of full-cream)	Mascarpone (formaggio fresco di tutta panna)	Mascarpone (queso fresco de nata doble)
Mozzarella (Büffel-)	Mozzarella de bufflonne	Buffalo mozzarella	Mozzarella di bufala	Mozzarella de búfala
Parmesan	Parmesan	Parmesan (cheese)	Parmigiano	Parmesano

1) dit aussi bleu - 2) Am. édam

Käse deutsch	**Fromages** französisch	**Cheese** englisch	**Formaggi** italienisch	**Quesos** spanisch
Quark	Fromage blanc	Cottage cheese, curd cheese	Ricotta	Requesón, queso fresco
Rahmkäse	Fromage à la crème	Cream cheese	Formaggio alla panna	Queso de crema
Räucherkäse	Fromage fumé	Smoked cheese	Formaggio affumicato	Queso ahumado
Roquefort (Blauschimmelkäse aus Schafmilch)	Roquefort (fromage persillé)	Roquefort (blue cheese of ewe's milk)	Roquefort (formaggio erborinato di latte di pecora)	Queso de Roquefort (queso azul)
Schafkäse	Fromage de brebis	Ewe's cheese[1]	Pecorino	Queso de oveja
Schweizer Käse	Gruyère	Gruyère, Swiss cheese	Groviera, gruviera	Gruyère, queso suizo
Streichkäse	Fromage à tartiner	Cheese spread	Formaggio da spalmare	Queso para untar
Tofu (Bohnenquark)	Tofu (fromage de soja)	Tofu (curd from soybeans)	Tofu (formaggio di soia)	Tofu (requesón de soja)
Topfen s. Quark				
Ziegenkäse	(Fromage de) chèvre	Goat cheese, chèvre	Formaggio di capra	Queso de cabra

1) also sheep's cheese

Süßspeisen deutsch	**Desserts** französisch	**Sweets** englisch	**Dolci** italienisch	**Postres** spanisch
Ahornsirup	Sirop d'érable	Maple syrup	Sciroppo d'acero	Sirope de arce
Amaretti s. Makronen				
Ananas mit Kirschwasser	Ananas au kirsch	Pineapple with kirsch	Ananas al kirsch	Piña al kirsch
~ mit Schlagsahne	Ananas à la chantilly	~ with whipped cream	~ con panna	~ con nata
Ananasbeignets	Beignets d'ananas	Pineapple fritters	Frittelle d'ananas	Buñuelos de piña
Ananastörtchen	Tartelette à l'ananas	Pineapple tartlet	Tartelletta all'ananas	Tartaleta de piña
Ananastorte	Tarte à l'ananas	Pineapple tart	Torta all'ananas	Tarta de piña
Apfel mit Baiserhaube	Pomme meringuée	Meringue apple	Mela meringata	Manzana amerengada
~ karamellisiert	Pomme caramélisée	Caramelized apple	~ caramellata	Manzana acaramelada
~ im Schlafrock	Pomme en robe	Apple dumpling	~ in camicia	Manzana vestida
Apfelbeignets	Beignets de pommes	Apple fritters	Frittelle di mele	Buñuelos de manzana
Apfelcharlotte	Charlotte aux pommes	Apple charlotte	Charlotte di mele	Charlota de manzana
Apfelpie	Pie aux pommes	Apple pie	Pie di mele	Pastel de manzana
Apfelschaum	Mousse aux pommes	Apple mousse	Mousse di mele	Espuma de manzana
Apfelstrudel	Strudel aux pommes	Apple strudel	Strudel di mele	Strudel de manzana
Apfeltasche	Chausson aux pommes	Apple turnover	Fagottino di mele	Pastelillo de manzana
Apfeltorte	Tarte aux pommes	Apple tart	Torta di mele	Tarta de manzana
Aprikosenkuchen	Tarte aux abricots	Apricot tart	Torta di albicocche	Tarta de albaricoques
Aprikosensoufflé	Soufflé aux abricots	Apricot soufflé	Soufflé di albicocche	Soufflé de albaricoques
Arme Ritter	Pain perdu, pain doré	French toast	Pan dorato, pan perduto	Torrijas
Auswahl an Backwerk	Pâtisserie assortie	Assorted pastries	Pasticceria assortita	Pastelería fina
Avocadocreme	Crème à l'avocat	Avocado pear cream	Crema all'avocado	Crema de aguacate
Baba mit Rum	Baba au rhum	Baba, rum baba	Babà al rum	Babá al ron
Baiser mit Eiscreme	Meringue glacée	Ice-cream meringue	Meringa col gelato	Merengue con helado
~ mit Schlagsahne	~ chantilly	Meringue Chantilly	~ con la panna	~ con nata
Baisertorte	Gâteau meringué	Meringue cake	Torta meringata	Tarta de merengue
Bananen, flambiert	Bananes flambées	Bananas flambé	Banane alla fiamma	Plátanos flameados
Bananenbeignets	Beignets de bananes	Banana fritters	Frittelle di banane	Buñuelos de plátanos

Süßspeisen deutsch	**Desserts** französisch	**Sweets** englisch	**Dolci** italienisch	**Postres** spanisch
Bauerntorte	Tarte paysanne	Country cake	Torta rustica	Tarta campesina
Bavarois[1] (Cremespeise)	Bavarois[2]	Bavarois[3]	Bavarese	Bavarois, bavaroise
~ (Erdbeerbavarois)	~ aux fraises	Strawberry bavarois	Bavarese di fragole	~ de fresas
~ (Schokoladenbavarois)	~ au chocolat	Chocolate bavarois	Bavarese al cioccolato	~ de chocolate
~ (Vanillebavarois)	~ à la vanille	Vanilla bavarois	Bavarese alla vaniglia	~ de vainilla
Beerentorte	Tarte aux baies rouges	Berry tart	Torta ai frutti di bosco	Tarta de bayas
Berliner Pfannkuchen	Beignets viennois[4]	Doughnuts, krapfen	Krapfen, bomboloni	Berlinesas, bollos de Berlín
Birne Helene (mit Vanilleeis und heißer Schokoladensauce)	Poire Belle-Hélène (sur glace vanille avec sauce chocolat chaude)	Pear Helena (pear on vanilla ice-cream with hot chocolate sauce)	Pera Elena (su gelato di vaniglia con salsa di cioccolato calda)	Pera Elena (sobre helado de vainilla con salsa de chocolate caliente)
Birnen, karamellisiert	Poires caramelisées	Caramelized pears	Pere caramellate	Peras acarameladas
~ in Rotwein	Poires au vin rouge	Pears in red wine	Pere al vino rosso	Peras al vino tinto
Biskuitkuchen	Biscuit de Savoie	Sponge cake	Pan di Spagna	Tarta de bizcocho
Biskuitrolle	Roulé, biscuit roulé	Swiss roll, Am. jelly roll	Rotolo con marmellata	Brazo de gitano
Blancmanger (gesülzte Mandelcreme)	Blanc-manger (gelée aux amandes)	Blancmange (almondmilk & gelatine)	Biancomangiare (crema di mandorle)	Manjar blanco (budín de almendras)
Blätterteigtorte	Gâteau feuilleté	Millefeuille	Sfogliata	Tarta de hojaldre
Bratäpfel	Pommes au four	Baked apples	Mele al forno	Manzanas asadas
~ gefüllt	~ à la bonne femme	Baked filled apples	~ ripiene al forno	~ rellenas al horno
Brioche	Brioche	Brioche, bun	Brioche	Brioche
Buchweizenpfannkuchen	Crêpe de sarrasin	Buckwheat crêpe	Crêpe di grano saraceno	Crepe de trigo sarraceno
Buchweizentorte	Gâteau au sarrasin	Buckwheat cake	Torta di grano saraceno	Tarta de trigo sarraceno
Cassata (Sahneeis mit kandierten Früchten)	Cassate (glace composée aux fruits confits)	Cassata (ice-cream with candied fruit in it)	Cassata (gelato di panna con frutta candita)	Cassata (mantecado con fruta confitada)
Champagner-Sorbet	Sorbet au champagne	Champagne sorbet	Sorbetto allo champagne	Sorbete al champaña
Charlotte russe (Vanillecreme in Biskuithülle)	Charlotte russe (bavarois à la vanille dans enveloppe de biscuits)	Charlotte russe (custard with casing of sponge fingers)	Charlotte alla russa (crema alla vaniglia in involucro di savoiardi)	Charlota rusa (crema de vainilla en envoltura de bizcocho)

1) oder Bayerische Creme - 2) ou bavaroise - 3) also Bavarian cream - 4) appelés aussi berlines

Süßspeisen deutsch	**Desserts** französisch	**Sweets** englisch	**Dolci** italienisch	**Postres** spanisch
Clafoutis (Limousiner Kirschkuchen)	Clafoutis aux cerises	Black cherry dessert	Dolce limosino di ciliege	Pastel lemosín de cerezas
Crème brûlée	Crème brûlée	Crème brûlée[1]	Crema bruciata	Crema catalana
Cremeschnitte	Mille-feuille, millefeuille	Millefeuille, Am. napoleon	Millefoglie alla crema	Milhojas de crema
Cremetorte	Gâteau à la crème	Cream cake, cream gateau	Torta alla crema	Tarta de crema
Crêpebeutelchen	Aumonières de crêpes	Crêpe bundles	Fagottini di crêpes	Bolsitas de crepe
Crêpes	Crêpes	Crêpes (French pancakes)	Crêpes[2]	Crepes
~ flambiert	~ flambées	Crêpes flambé	~ alla fiamma	~ flameadas
~ mit Konfitüre	~ à la confiture	Pancakes with jam	~ alla marmellata	~ con mermelada
~ auf normannische Art (mit Äpfeln)	~ à la normande (aux pommes fruits)	Apple crêpes	~ alla normanna (con mele)	~ a la normanda (con manzanas)
~ Suzette (mit Orangenlikör flambiert)	~ suzette	Crêpes suzette (with flaming orange liqueur)	~ suzette (crêpes flambé all'arancia)	~ suzette (flameadas a la naranja)
Diplomatenpudding (aus Eiercreme, Biskuits, kandierten Früchten)	Pouding diplomate (fait de crème anglaise, biscuits et fruits confits)	Cabinet pudding (custard, sponge biscuits, candied fruit)	Budino diplomatico (fatto di crema inglese, savoiardi e candifi)*	Budín diplomático (hecho de natillas, bizochos y fruta confitada)
Dreikönigskuchen	Galette des rois	Twelfth-night cake	Torta dell'Epifania	Torta de Reyes
Eclairs	Éclairs	Éclairs	Éclairs, bignè	Éclairs
~ (Mokka-)	~ au café	Coffee éclairs	~ al caffè	~ de café
~ (Schokoladen-)	~ au chocolat	Chocolate éclairs	~ al cioccolato	~ de chocolate
Eis (Eiscreme)	Glace	Ice-cream	Gelato	Helado, sorbete
Eisbaiser	Meringue glacée	Ice-cream meringue	Meringa col gelato	Merengue con helado
Eisbecher	Coupe glacée	Sundae, coupe	Coppa di gelato	Copa de helado
~ mit Früchten	~ Jacques (macédoine garnie de glace)	Coupe Jacques (ice cream with fruit salad)	~ Jacques (macedonia al gelato)	~ Jacques (helado con ensalada de fruta)
~ Jamaika	Coupe Jamaïque	Jamaica coupe	Coppa Giamaica	Copa Jamaica
~ Weiße Dame	~ dame blanche	White lady coupe	Coppa dama bianca	~ dama blanca

1) or burnt cream - 2) o crespelle

Süßspeisen deutsch	**Desserts** französisch	**Sweets** englisch	**Dolci** italienisch	**Postres** spanisch
Eisbombe (zwei Eissorten in Halbkugelform)	Bombe glacée (glace composée)	Bombe (cone-shaped ice-cream)	Bomba (gelato a due sapori)	Bomba helada (helado de dos sabores)
~ Nesselrode (Kastanien- und Vanilleeis)	Bombe Nesselrode (glace marrons-vanille)	Bombe Nesselrode (chestnut and vanilla)	Bomba Nesselrode (gelato di marroni e vaniglia)	~ Nesselrode (helado de castaña y vainilla)
Eiskaffee	Café liégeois	Coffee cream sundae	Caffè con gelato e panna	Blanco y negro
Eisomelette	Omelette norvégienne	Baked Alaska	Gelato al forno	Sierra Nevada
Eissoufflé	Soufflé glacé	Frozen soufflé	Soufflé gelato	Soufflé helado
Eistorte	Biscuit glacé	Ice-cream cake	Torta gelato	Tarta helada
Englische Creme	Crème anglaise	Custard	Crema inglese	Natillas, crema inglesa
Englischer Kuchen	Cake aux fruits confits	Plum-cake, fruitcake	Plum cake	Cake
Erdbeercreme	Crème aux fraises	Strawberry cream	Crema di fragole	Crema de fresas
Erdbeereis	Glace aux fraises	Strawberry ice-cream	Gelato di fragola	Helado de fresa
Erdbeeren mit Sahne	Fraises à la chantilly	Strawberries with cream	Fragole con la panna	Fresas con nata
Erdbeermousse	Mousse aux fraises	Strawberry mousse	Mousse di fragole	Mousse de fresas
Erdbeerparfait	Parfait aux fraises	Strawberry parfait	Semifreddo alle fragole	Parfait de fresas
Erdbeerrolle	Roulé aux fraises	Strawberry roulade[1]	Rotolo alle fragole	Brazo de fresas
Erdbeertorte	Tarte aux fraises	Strawberry tart	Torta di fragole	Tarta de fresas
Faschingskrapfen	Beignets viennois	Doughnuts, krapfen	Krapfen, bomboloni	Bollos de Berlín
Flammeri (Grieß-) mit Fruchtsaft	Flamri sauce aux fruits	Flummery of semolina and fruit sauce	Budino di semolino con salsa di frutta	Pudín de sémola con salsa de fruta
Fruchteis	Glace aux fruits	Fruit ice-cream	Gelato di frutta, sorbetto	Helado de fruta
Fürst-Pückler-Eis	Tranche napolitaine	Neapolitan ice-cream	Gelato di panna ai 3 gusti	Mantecado de tres gustos
Gebäck (Kuchen)	Pâtisserie, petit gâteau	Pastry	Pasta	Pasta
Gemischtes Eis	Glace panachée	Mixed ice-cream	Gelato misto	Helado variado
Granita	Granité	Granita	Granita	Granizado
Grapefruitsorbet	Sorbet au pamplemousse	Grapefruit sorbet	Sorbetto al pompelmo	Sorbete de pomelo
Grenadinen-Parfait	Parfait à la grenadine	Grenadine parfait	Parfait di granatina	Parfait de granadina

1) also strawberry roll

Süßspeisen deutsch	Desserts französisch	Sweets englisch	Dolci italienisch	Postres spanisch
Grießpudding	Pudding de semoule	Semolina pudding	Budino di semolino	Pudín de sémola
Gugelhupf	Kouglof, kugelhopf	Gugelhupf (yeast cake with raisins)	Kugelhupf (dolce di pasta lievitata)	Kugelhupf (pastel de molde alto)
Halbgefrorenes	Parfait; biscuit glacé	Parfait	Semifreddo	Semifrío
Harlekin-Soufflé (Vanille und Schokolade)	Soufflé Arlequin (moitié vanille, moitié chocolat)	Harlequin soufflé (half vanilla, half chocolate)	Soufflé Arlecchino (vaniglia e cioccolato)	Soufflé arlequín (vanilla y chocolate)
Haselnuss-Creme	Crème aux noisettes	Hazelnut cream	Crema di nocciole	Crema de avellanas
Haselnuss-Eis	Glace aux noisettes	Hazelnut ice-cream	Gelato di nocciola	Helado de avellanas
Heidelbeertorte	Gâteau aux myrtilles	Blueberry cake	Torta di mirtilli	Tarta de arándanos
Himbeereis	Glace aux framboises	Raspberry ice-cream	Gelato di lampone	Helado de frambuesas
Himbeersauce	Sauce aux framboises	Raspberry sauce[1]	Salsa di lamponi	Salsa de frambuesas
Holunderparfait	Parfait au sureau	Elderberry parfait	Parfait al sambuco	Parfait de saúco
Holundersauce	Sauce au sureau	Elderberry sauce	Salsa di sambuco	Salsa de saúco
Honig-Halbgefrorenes	Parfait au miel	Honey parfait	Semifreddo al miele	Semifrío de miel
Joghurteis	Glace au yaourt	Yogurt ice-cream	Gelato allo yogurt	Helado de yogur
Johannisbeer-Gelee	Gelée de groseilles	Redcurrant jelly	Gelatina di ribes	Jalea de grosellas
Johannisbeer-Torte	Tarte aux groseilles	Redcurrant tart	Torta di ribes	Tarta de grosellas
Kabinettpudding	Pouding diplomate	Cabinet pudding	Budino diplomatico	Budín diplomático
Kaffee-Eis	Glace au café	Coffee ice-cream	Gelato di caffè	Helado de café
Kaiserschmarren (Rosinen-Omelette in Stücke zerteilt)	Kaiserschmarren (omelette aux raisins coupée en morceaux)	Kaiserschmarren (raisin omelet cut up into pieces)	Kaiserschmarren (omelette spezzettata all'uvetta)	Tortilla a la vienesa (tortilla de pasas cortada en trozos)
Karamellcreme	Crème caramel[2]	Crème caramel[3]	Crème caramel	Flan al caramelo
Karamelleis	Glace au caramel	Caramel ice-cream	Gelato al caramello	Helado al caramelo
Karamellsauce	Sauce au caramel	Caramel sauce	Salsa al caramello	Salsa de caramelo
Karottentorte	Gâteau aux carottes	Carrot cake	Torta di carote	Tarta de zanahorias
Käsekuchen	Gâteau au fromage blanc	Cheesecake	Torta di ricotta	Tarta de queso
Kastanienbaumstamm	Bûche aux marrons	Chestnut log	Tronco alle castagne	Tronco de castañas

1 also melba sauce – 2) dite aussi flan au caramel et crème renversée – 3) also caramel custard

Süßspeisen deutsch	**Desserts** französisch	**Sweets** englisch	**Dolci** italienisch	**Postres** spanisch
Kastanientorte	Gâteau aux marrons	Chestnut cake	Torta di castagne	Tarta de castaña
Katalanische Creme	Crème catalane	Catalan cream[1]	Crema catalana	Crema catalana
Kekse	Gâteaux secs, biscuits	Biscuits, Am. cookies	Biscotti	Galletas
Kirschen auf Jubiläums-Art (flambiert)	Cerises jubilé (flambées au kirsch)	Cherries jubilee (flaming cherries)	Ciliege giubileo (ciliege flambé)	Cerezas jubileo (cerezas flameadas)
Kirschsauce	Sauce aux cerises	Cherry sauce	Salsa di ciliege	Salsa de cerezas
Kirschstrudel	Strudel aux cerises	Cherry strudel	Strudel di ciliege	Strudel de cerezas
Kirschtörtchen	Tartelette aux cerises	Cherry tartlet	Tartelletta con ciliege	Tartaleta de cerezas
Kirschtorte	Tarte aux cerises	Cherry tart, cherry flan	Torta di ciliege	Tarta de cerezas
Kokosnusstorte	Gâteau à la noix de coco	Coconut cake	Torta alla noce di cocco	Tarta de coco
Königskuchen	Cake aux fruits confits	Plum-cake, fruitcake	Plum-cake	Cake
Kranzkuchen	Couronne	Ring cake	Ciambella	Roscón
Krapfen	Beignets	Fritters, beignets	Frittelle	Buñuelos
~ (Faschingskrapfen)	~ viennois, krapfen	Doughnuts	Bomboloni, krapfen	Berlinesas, bollos de Berlín
Krokanteis	Glace pralinée	Brittle ice-cream	Gelato al croccante	Helado de crocante
Kuchen	Gâteau, tarte	Cake, tart	Torta, dolce	Pastel, (Obst-) tarta
~ (Mürbeteigkuchen)	Tarte	Tarte, flan, pie	Crostata	Tarta
Lavendeleis	Glace à la lavande	Lavender ice-cream	Gelato di lavanda	Helado de lavanda
Lebkuchen	Pain d'épice	Gingerbread	Panpepato	Pan de especias
Lebkucheneis	Glace au pain d'épice	Gingerbread ice-cream	Gelato al panpepato	Helado de pan de especias
Limettentorte	Tarte au citron vert	Lime tart	Torta alla limetta	Tarta de lima
Linzer Torte	Linzertarte (tarte en pâte sablée à la confiture)	Linzertorte (latticed tart with a jam filling)	Torta di Linz (torta di pasta frolla con marmellata)	Tarta de Linz (tarta de pasta quebrada y mermelada)
Löffelbiskuits	Biscuits à la cuiller	Sponge fingers[2]	Savoiardi	Soletillas
Makronen (Mandel-)	Macarons	Macaroons	Amaretti	Mostachones, macarrones
Mandarineneis	Glace aux mandarines	Tangerine ice-cream	Gelato di mandarino	Helado de mandarinas
Mandelkrokant	Praliné-amandes	Almond brittle	Croccante di mandorle	Crocante de almendras
Mandeltorte	Gâteau aux amandes	Almond cake	Torta di mandorle	Tarta de almendras

1) also burnt cream - 2) also sponge biscuits and ladyfingers

Süßspeisen deutsch	**Desserts** französisch	**Sweets** englisch	**Dolci** italienisch	**Postres** spanisch
Marillenknödel	Boulettes aux abricots	Apricot dumplings	Gnocchi alle albicocche	Albóndigas de albaricoques
Marmorkuchen	Gâteau marbré	Marble cake	Dolce marmorizzato	Pastel veteado
Mascarponecreme	Crème au mascarpone	Mascarpone cream	Crema al mascarpone	Crema de mascarpone
Meloneneis	Glace au melon	Melon ice-cream	Gelato di melone	Helado de melón
Meringe	Meringue	Meringue	Meringa	Merengue
Milchreis	Riz au lait	Rice pudding	Riso al latte	Arroz con leche
Mohnstrudel	Strudel au pavot	Poppy-seed strudel	Strudel al papavero	Strudel de adormidera
Mohntorte	Gâteau au pavot	Poppy-seed cake	Torta al papavero	Tarta de adormidera
Mokkaeis	Glace au café	Coffee ice-cream	Gelato al caffè	Helado de café
Mokkagranita	Granité au café	Coffee granita	Granita al caffè	Granizado de café
Mokkaparfait	Parfait au café	Coffee parfait	Parfait al caffè	Parfait de café
Mokkasoufflé	Soufflé au café	Coffee soufflé	Soufflé al caffè	Soufflé de café
Mokkatorte	Moka, gâteau moka	Mocha cake	Torta al caffè	Tarta de moca
Montblanc (Kastanienpüree mit Schlagsahne)	Mont-blanc (purée de marrons à la chantilly)	Montblanc (mashed chestnuts with cream)	Montebianco (passato di castagne con panna)	Negro en camisa (puré de castañas con nata)
Mousse	Mousse	Mousse	Mousse	Mousse
~ von weißer Schokolade	~ au chocolat blanc	White chocolate mousse	~ di cioccolato bianco	~ de chocolate blanco
Nachspeisen vom Wagen	Chariot des desserts	Sweets from the trolley	Dolci dal carrello	Carrito de postres
Nougateis	Glace au nougat	Nougat ice-cream	Gelato di torrone	Helado de turrón
Nusseis	Glace aux noisettes	Hazelnut ice-cream	Gelato di nocciola	Helado de avellanas
Nusskranz	Couronne aux noix	Nut ring cake	Ciambella alle noci	Roscón de nueces
Nusskrokant	Praliné-noisettes	Hazelnut brittle	Croccante di nocciole	Crocante de avellanas
Nusstorte	Gâteau aux noix	Nut cake	Torta alle noci	Tarta de nueces
Obstsalat	Salade de fruits[1)]	Fruit salad	Macedonia di frutta	Ensalada de frutas[2)]
~ exotisch	~ de fruits exotiques	Exotic fruit salad	~ di frutta esotica	~ de frutas exóticas
Obsttörtchen	Tartelette aux fruits	Fruit tartlet	Tartelletta di frutta	Tartaleta de fruta

1) ou fruits rafraîchis et macédoine de fruits - 2) o macedonia de frutas

Süßspeisen deutsch	**Desserts** französisch	**Sweets** englisch	**Dolci** italienisch	**Postres** spanisch
Obsttorte	Tarte aux fruits	Fruit tart, fruit pie	Torta di frutta	Tarta de fruta
~ mit Baiserhaube	Gâteau meringué aux fruits	Fruit meringue pie	~ di frutta meringata	~ de fruta amerengada
Omelett	Omelette	Omelette, omelet	Omelette	Tortilla
~ flambiert	~ flambée	Omelette flambé	~ alla fiamma, ~ flambé	Tortilla flameada
~ mit Kirschen	~ Montmorency	Cherry omelette	~ con ciliege	~ de cerezas
~ mit Konfitüre	~ à la confiture	Jam omelette	~ con marmeliata	~ de mermelada
~ norwegisch (mit Eis)	~ norvégienne, ~ surprise	Baked Alaska	~ a sorpresa	Sierra Nevada
~ mit Rum	~ au rhum	Rum omelette	~ al rum	Tortilla al ron
~ soufflée	~ soufflée	Omelette soufflé	~ soufflée	~ soufflée
Orangensalat	Salade d'oranges	Orange salad	Insalata d'arance	Ensalada de naranja
Orangensauce	Sauce à l'orange	Orange sauce	Salsa all'arancia	Salsa de naranja
Orangentorte	Tarte à l'orange	Orange tart	Torta all'arancia	Tarta de naranja
Palatschinken	Pannequets à la confiture	Pancakes with jam	Crêpes con marmellata	Crepes con mermelada
Pampelmusensorbet	Sorbet au pamplemousse	Grapefruit sorbet	Sorbetto al pompelmo	Sorbete de pomelo
Parfait	Parfait	Parfait	Parfait	Parfait
Pecannusstorte	Tarte à la noix de pacane	Pecan pie	Torta di noci pecan	Tarta de pacana
Petits Fours	Petits fours	Petits fours	Petits-fours	Pastas de té
Pfannkuchen	Pannequet, crêpe	Pancake	Crêpe, crespella	Crepe
~ mit Konfitüre	~ à la confiture	Pancake with jam	Crêpe alla marmellata	~ con mermelada
Pfefferkuchen	Pain d'épice	Gingerbread	Panpepato	Pan de especias
Pfirsich flambiert	Pêche flambée	Peach flambé	Pesca alla fiamma	Melocotón flameado
~ nach Kardinalsart (mit Himbeersaft)	~ cardinal (avec purée de framboises)	Peach cardinal (with raspberry sauce)	~ alla cardinale (con sciroppo di lampone)	~ a la cardenal (con puré de frambuesas)
~ Melba (Pfirsich auf Vanilleeis mit Himbeersaft)	Pêche Melba (sur glace vanille avec coulis de framboises)	Peach Melba (with vanilla ice-cream and raspberry sauce)	Pesca Melba (con gelato di vaniglia e salsa di lampone)	Melocotón Melba (con helado de vainilla y salsa de frambuesas)
Pflaumenkuchen	Tarte aux prunes	Plum tart, plum flan	Torta di prugne	Tarta de ciruelas
Pistazien-Eis	Glace aux pistaches	Pistachio ice-cream	Gelato al pistacchio	Helado de pistachos

Süßspeisen deutsch	Desserts französisch	Sweets englisch	Dolci italienisch	Postres spanisch
Profiteroles au chocolat (Windbeutel mit Schokoladensauce)	Profiteroles au chocolat (choux à la crème en sauce chocolat)	Chocolate profiteroles (small chou buns with chocolate sauce)	Profiteroles al cioccolato (bignè alla crema con salsa di cioccolato)	Profiteroles al chocolate (lionesas de crema con salsa de chocolate)
Pudding	Pouding, pudding	Pudding	Budino	Pudín[1]
~ Nesselrode (Maronen-Eispudding)	~ Nessselrode (pudding glacé aux marrons)	Nesselrode pudding (iced chestnut pudding)	~ Nesselrode (budino gelato di marroni)	~ Nesselrode (budín frío de castañas)
Punschtorte	Gâteau au punch	Punch cake	Torta al punch	Tarta de ponche
Quarkcreme	Crème au fromage blanc	Cottage cheese cream	Crema di ricotta	Crema de queso
Quarkknödel	Boulettes au fromage blanc	Cheese dumplings	Gnocchi di ricotta	Albóndigas de queso
Quarkkuchen	Gâteau au fromage blanc	Cheesecake	Torta di ricotta	Tarta de queso
Quittenpaste	Pâte de coings, cotignac	Quince marmalade	Cotognata	Carne de membrillo[2]
Rhabarberschaum	Mousse de rhubarbe	Rhubarb mousse	Spuma di rabarbaro	Espuma de ruibarbo
Reisauflauf	Gâteau de riz	Rice pudding	Dolce di riso	Budín de arroz
Reis Kaiserinart (Milchreis mit kandierten Früchten)	Riz à l'impératrice (gâteau de riz aux fruits confits)	Rice pudding with candied fruit	Riso all'imperatrice (riso al latte con panna e canditi)	Arroz a la emperatriz (arroz con leche, nata y fruta confitada)
Rhabarbertörtchen	Tartelette à la rhubarbe	Rhubarb tartlet	Tartelletta al rabarbaro	Tartaleta de ruibarbo
Rhabarbertorte	Tarte à la rhubarbe	Rhubarb tart	Torta al rabarbaro	Tarta de ruibarbo
Rote-Früchte-Charlotte	Charlotte aux fruits rouges	Red fruit charlotte	Charlotte ai frutti rossi	Charlota de frutas rojas
Rote Grütze	Gelée de fruits rouges	Red fruit jelly	Gelatina di frutti rossi	Jalea de frutas rojas
Rothschild-Soufflé (Vanilleauflauf mit kandierten Früchten)	Soufflé Rothschild (soufflé vanille aux fruits confits)	Soufflé Rothschild (vanilla soufflé with candied fruit)	Soufflé Rothschild (soufflé alla vaniglia con canditi)	Soufflé Rothschild (soufflé de vainilla con fruta confitada)
Rotweinbirnen	Poires au vin rouge	Pears in red wine	Pere al vino rosso	Peras al vino tinto
Rotweinkirschen	Cerises au vin rouge	Cherries in red wine	Ciliege al vino rosso	Cerezas al vino tinto
Rum-Baba	Baba au rhum	Rum baba	Babà al rum	Babá al ron
Sabayon s. Zabaione				

1) o budín - 2) o codoñate

Süßspeisen deutsch	**Desserts** französisch	**Sweets** englisch	**Dolci** italienisch	**Postres** spanisch
Sachertorte	Sachertorte (gâteau viennois au chocolat)	Sachertorte (Viennese chocolate gateau)	Torta di cioccolato	Tarta de chocolate
Sahnebaiser	Meringue Chantilly	Meringue Chantilly	Meringa con la panna	Merengue con nata
Sahneeis	Glace à la crème	Vanilla ice-cream	Gelato di crema	Helado de nata[1]
Sahnetorte	Gâteau à la crème	Cream cake, cream gateau	Torta alla panna	Tarta de crema
Saint-Honoré-Torte	Saint-Honoré	Gateau St Honoré	Saint-honoré	Sanhonorato
Salzburger Nockerln	Noques à la viennoise	Salzburg sweet dumplings	Gnocchi di Salisburgo	Ñoquis de Salzburgo
Sandkuchen	Quatre-quarts	Madeira cake, pound cake	Torta paradiso	Cuatro cuartos
Savarin (Hefekranz, mit Likör getränkt)	Savarin (variété de baba)	Savarin (ring-shaped yeast cake soaked in liqueur)	Savarin (varietà di babà a forma di ciambella)	Savarín (pastel en forma de corona mojado en licor)
~ mit Früchten	~ aux fruits	Fruit savarin	~ alla frutta	~ con fruta
~ mit Schlagsahne	~ chantilly	Savarin with cream	~ alla panna	~ con nata
Schillerlocke (Schaumrolle)	Cornet à la crème	Cream horn[2]	Cannolo alla panna[3]	Canutillo a la crema
Schlagsahne	Crème Chantilly	Whipped cream, chantilly	Panna montata	Nata batida, chantillí
Schnee-Eier	Œufs à la neige[4]	Floating island	Uova alla neve	Isla flotante
Schokoladenbaumstamm	Bûche au chocolat	Chocolate log	Tronco al cioccolato	Tronco de chocolate
Schokoladen-Biskuitrolle	Biscuit roulé au chocolat	Chocolate roulade	Rotolo al cioccolato	Brazo de chocolate
Schokoladencreme	Crème au chocolat	Chocolate cream	Crema al cioccolato	Crema de chocolate
Schokoladeneclairs	Éclairs au chocolat	Chocolate éclairs	Éclairs al cioccolato	Éclairs de chocolate
Schokoladeneis	Glace au chocolat	Chocolate ice-cream	Gelato di cioccolato	Helado de chocolate
Schokoladenmousse	Mousse au chocolat	Chocolate mousse	Mousse al cioccolato	Mousse de chocolate
Schokoladenprofiteroles	Profiteroles au chocolat	Chocolate profiteroles	Profiteroles al cioccolato	Profiteroles al chocolate
Schokoladenpudding	Pudding au chocolat	Chocolate pudding	Budino di cioccolato	Pudín de chocolate
Schokoladensauce	Sauce au chocolat	Chocolate sauce	Salsa di cioccolato	Salsa de chocolate
Schokoladensoufflé	Soufflé au chocolat	Chocolate soufflé	Soufflé al cioccolato	Soufflé de chocolate
Schokoladentorte	Gâteau au chocolat	Chocolate gateau	Torta di cioccolato	Tarta de chocolate
Schokoladentrüffeln	Truffes au chocolat	Chocolate truffles	Tartufi di cioccolato	Trufas de chocolate

1) o mantecado - 2) Am. cornucopia - 3) o cannoncino alla panna - 4) ou île flottante

Süßspeisen deutsch	Desserts französisch	Sweets englisch	Dolci italienisch	Postres spanisch
Schwarzwälder Kirschtorte	Gâteau de la Forêt-Noire (aux cerises)	Black forest gateau (with morello cherries)	Torta della Selva Nera (torta di ciliege)	Tarta de la Selva Negra (con cerezas)
Schweinsohren	Palmiers	Palmiers	Ventagli	Palmeras
Schwimmende Insel (eierförmige Meringen auf Vanillecreme)	Île flottante, œufs à la neige	Floating island (meringue shells in custard sauce)	Uova alla neve (meringhe a forma d'uovo su crema inglese)	Isla flotante (huevos de merengue sobre natillas)
Silvester-Eisbombe	Bombe de la Saint-Sylvestre	Sylvester-eve bombe	Bomba San Silvestro	Bomba helada San Silvestre
Silvester-Torte	Gâteau de la Saint-Sylvestre	Sylvester-eve gateau	Torta San Silvestro	Tarta San Silvestre
Sorbet	Sorbet	Sorbet[1]	Sorbetto	Sorbete
Stachelbeertorte	Tarte aux groseilles à maquereau	Gooseberry tart	Torta di uva spina	Tarta de uva espina
Tarte Tatin (karamelisierte Apfeltorte)	Tarte Tatin (tarte aux pommes caramélisée)	Upside-down apple cake	Torta di mele caramellata	Tarta Tatín (tarta de manzana acaramelada)
Teegebäck	Petits fours	Petits fours, fancy biscuits	Pasticcini da tè	Pastas de té
Tiramisù (Mascarpone-Dessert mit Kaffeearoma)	Tiramisù (entremets de mascarpone au café)	Tiramisu (coffee-flavoured mascarpone dessert)	Tiramisù (dolce di mascarpone al caffè)	Tiramisù (postre de mascarpone al café)
Topfenpalatschinken	Pannequets au fromage blanc	Cheese-filled pancakes	Crêpes alla ricotta	Crepes con queso
Topfenstrudel	Strudel au fromage blanc	Cheese strudel	Strudel di ricotta	Strudel de queso
Törtchen (Tortelett)	Tartelette	Tartlet	Tartelletta	Tartaleta
Torte	Gâteau, tarte	Cake, gateau, tart	Torta	Tarta, pastel
Trockenobstsalat	Salade de fruits secs	Dried fruit salad	Macedonia di frutta secca	Macedonia de frutas secas
Überraschungs-Melone (mit Obstsalat gefüllt)	Melon en surprise (farci de macédoine)	Surprise melon (filled with fruit salad)	Melone a sorpresa (ripieno di macedonia)	Melón sorpresa (relleno de ensalada de fruta)

1) Am. sherbet

Süßspeisen deutsch	**Desserts** französisch	**Sweets** englisch	**Dolci** italienisch	**Postres** spanisch
Überraschungs-Omelett (Eis mit Baiserhaube überbacken)	Omelette surprise[1] (glace meringuée colorée au four)	Baked Alaska (baked ice-cream)	Omelette a sorpresa (gelato meringato al forno)	Sierra Nevada (helado amerengado al horno)
Überraschungs-Orangen	Oranges en surprise	Surprise oranges	Arance a sorpresa	Naranjas sorpresa
Vacherin (Baisertorte)	Vacherin (gâteau meringué)	Vacherin (meringue cake)	Vacherin (torta di meringa)	Vacherin (postre de merengue)
~ geeist	Vacherin glacé	Frozen vacherin	Vacherin gelato	Vacherin helado
Vanillecreme	Crème anglaise[2]	Custard	Crema alla vaniglia	Natillas de vainilla
Vanilleeis	Glace à la vanille	Vanilla ice-cream	Gelato di vaniglia	Helado de vainilla
Vanilleparfait	Parfait à la vanille	Vanilla parfait	Parfait alla vaniglia	Parfait de vainilla
Vanillepudding	Pudding à la vanille	Vanilla pudding	Budino alla vaniglia	Budín de vainilla
Vanillesauce	Sauce vanille	Custard (sauce)	Salsa alla vaniglia	Salsa de vainilla
Vanillesoufflé	Soufflé à la vanille	Vanilla soufflé	Soufflé alla vaniglia	Soufflé de vainilla
Verschiedene Torten	Gâteaux variés	Variety of pies and cakes	Torte assortite	Surtido de tartas
Waffeln	Gaufres	Waffles	Cialde	Barquillos
Waldfrüchte in Aspik	Aspic de fruits des bois	Aspic of wild berries	Aspic di frutti di bosco	Aspic de frutas silvestres
Waldfrüchtegratin	Gratin de fruits des bois	Wild berries au gratin	Gratin di frutti di bosco	Gratén de frutas silvestres
Weihnachtsbaumstamm	Bûche de Noël	Yule log	Tronco di Natale	Tronco de Navidad
Weinschaum s. Zabaione				
Windbeutel	Chou	Chou bun, cream puff	Bignè, chou	Lionesa
~ mit Sahne	Chou à la crème	Chou bun with cream	Bignè con crema	Lionesa con crema
Zabaione	Sabayon	Sabayon, zabaglione	Zabaione	Sabayón
~ (Champagner Zabaione)	~ au champagne	Champagne sabayon	~ allo champagne	~ de champaña
Zimteis	Glace à la cannelle	Cinnamon ice-cream	Gelato alla cannella	Helado de canela
Zitronen-Baisertorte	Tarte meringuée au citron	Lemon meringue pie	Torta meringata al limone	Tarta de limón amerengada
Zitronencreme	Crème au citron	Lemon cream	Crema al limone	Crema de limón
Zitroneneis	Glace au citron	Lemon ice-cream	Gelato di limone	Helado de limón
Zitronengranita	Granité au citron	Lemon granita	Granita al limone	Granizado de limón

1) dite aussi omelette norvégienne - 2) ou crème à la vanille

Süßspeisen deutsch	**Desserts** französisch	**Sweets** englisch	**Dolci** italienisch	**Postres** spanisch
Zitronengras-Eis	Glace à la citronnelle	Lemongrass ice-cream	Gelato di citronella	Helado de citronela
Zitronensorbet	Sorbet au citron	Lemon sorbet	Sorbetto al limone	Sorbete de limón
Zitronensoufflé	Soufflé au citron	Lemon soufflé	Soufflé al limone	Soufflé de limón
Zitronentorte	Tarte au citron	Lemon tart, lemon pie	Torta al limone	Tarta de limón
~ mit Baiser	~ meringuée au citron	Lemon meringue pie	~ meringata al limone	~ de limón amerengada
Zitrusfrüchte-Parfait	Parfait aux agrumes	Citrus fruit parfait	Parfait di agrumi	Parfait de cítricos
Zuger Kirschtorte	Gâteau zougoise au kirsch	Kirsch cake	Torta al kirsch di Zug	Tarta al kirsch
Zwetschgenknödel	Boulettes aux prunes	Plum dumplings	Gnocchi alle prugne	Albóndigas de ciruelas
Zwetschgenkuchen	Tarte aux quetsches	Plum tart	Torta di prugne	Tarta de ciruelas
Zwetschgenröster	Compote de quetsches	Stewed plums	Composta di prugne	Compota de ciruelas
Zwetschgensauce	Sauce aux quetsches	Plum sauce	Salsa di prugne	Salsa de ciruelas

Obst

Obst deutsch	**Fruits** französisch	**Fruit** englisch	**Frutta** italienisch	**Frutas** spanisch
Alkekengi	Alkékenge, cerise d'hiver	Winter cherry[1]	Alchechengi	Alquequenje
Ananas	Ananas	Pineapple	Ananas	Piña
Apfel	Pomme	Apple	Mela	Manzana
Apfelsine	Orange	Orange	Arancia, arancio	Naranja
Aprikose	Abricot	Apricot	Albicocca	Albaricoque
Avocado	Avocat	Avocado, avocado pear	Avocado	Aguacate
Backobst	Fruits secs	Dried fruit	Frutta secca	Fruta pasa
Banane	Banane	Banana	Banana	Plátano
Baumstachelbeere	Carambole	Star fruit, carambola	Carambola	Carambola
Beeren, rote	Baies rouges	Red berries	Bacche rosse	Bayas rojas
Birne	Poire	Pear	Pera	Pera
Blasenkirsche	Alkékenge, cerise d'hiver	Winter cherry[1]	Alchechengi	Alquequenje
Blaubeere	Myrtille	Blueberry, bilberry[2]	Mirtillo	Arándano
Brombeere	Mûre sauvage[3]	Blackberry, bramble	Mora di rovo	Mora, zarzamora
Cantaloupe	Cantaloup	Cantaloup(e) melon	Melone cantalupo	Melón cantalupo
Cashewnuss	Noix de cajou	Cashew nut	Anacardio, noce di acagiù	Anacardo
Chirimoya s. Zimtapfel				
Dattel	Datte	Date	Dattero	Dátil
Dörrobst	Fruits secs	Dried fruit	Frutta secca	Fruta pasa
Dörrpflaume	Pruneau	Prune	Prugna secca	Ciruela pasa
Erdbeere	Fraise	Strawberry	Fragola	Fresón, fresa
~ (Walderdbeere)	Fraise des bois	Wild strawberry	Fragola di bosco	Fresa silvestre
Erdnuss	Cacahuète, arachide	Peanut	Arachide[4]	Cacahuete
Exotische Früchte	Fruits exotiques	Exotic fruit	Frutta esotica	Fruta exótica
Feige	Figue	Fig	Fico	Higo
Frisches Obst	Fruits frais	Fresh fruit	Frutta fresca	Fruta fresca
Frühobst	Primeurs	Early fruit	Primizie	Frutos primeros primicias

1) also cape gooseberry, Am. ground-cherry - 2) also whortleberry - 3) ou mûre de ronce - 4) o nocciolina americana

Obst deutsch	**Fruits** französisch	**Fruit** englisch	**Frutta** italienisch	**Frutas** spanisch
Früchtekorb	Corbeille de fruits	Fresh fruit basket	Cesto di frutta	Cesta de frutas
Gemischtes Obst	Fruits assortis	Mixed fruit	Frutta mista	Fruta variada
Granatapfel	Grenade	Pomegranate	Melagrana	Granada
Grapefruit	Pamplemousse[1]	Grapefruit	Pompelmo	Pomelo, Am.toronja
Guajave (Guave)	Goyave	Guava	Guaiava, guava	Guayaba
Hagebutte	Églantine	Rose-hip	Rosa canina	Escaramujo
Haselnuss	Noisette, aveline	Hazelnut, filbert	Nocciola	Avellana
Heidelbeere	Myrtille	Blueberry, bilberry	Mirtillo	Arándano
Himbeere	Framboise	Raspberry	Lampone	Frambuesa
Holunder	Sureau	Elderberry	Sambuco	Saúco
Johannisbeere	Groseille	Currant	Ribes	Grosella
~ (rote)	Groseille rouge	Redcurrant	Ribes rosso	Grosella roja
~ (schwarze)	Cassis, groseille noire	Blackcurrant	Ribes nero	Grosella negra, casis
Johannisbrot	Caroube	Carob	Carruba	Algarroba
Jujube (Brustbeere)	Jujube	Jujube	Giuggiola	Azufaifa
Kaki	Kaki	Persimmon	Cachi	Caqui
Kaktusfeige	Figue de Barbarie	Prickly pear	Fico d'India	Higo chumbo
Kandierte Früchte	Fruits confits	Candied fruit, glacé fruit	Frutta candita	Fruta confitada[2]
Kapstachelbeere	Cerise d'hiver, alkékenge	Cape gooseberry	Alchechengi	Alquequenje
Karambole s. Sternfrucht				
Kastanie	Châtaigne	Chestnut	Castagna	Castaña
Kirsche	Cerise	Cherry	Ciliegia	Cereza
Kiwi	Kiwi	Kiwi, kiwi fruit	Kiwi	Kiwi
Klementine	Clémentine	Clementine	Mandarancio, clementina	Clementina
Kokosnuss	Noix de coco	Coconut	Noce di cocco	Coco
Kompott	Compote	Stewed fruit, compote	Frutta cotta, composta	Compota, fruta cocida
~ (Apfel-)	~ de pommes	Stewed apples	Mele cotte	Compota de manzanas
~ (Backpflaumen-)	~ de pruneaux	Stewed prunes	Prugne cotte	~ de ciruelas

1) ou grape-fruit - 2) ɔ fruta escarchada

Obst deutsch	**Fruits** französisch	**Fruit** englisch	**Frutta** italienisch	**Frutas** spanisch
Kompott (gemischtes)	Compote assortie	Mixed stewed fruit	Composta mista	Compota variada
~ (Kirsch-)	~ de cerises	Stewed cherries	~ di ciliege	~ de cerezas
~ (Preiselbeer-)	~ d'airelles	Stewed cranberries	~ di mirtillo rosso	~ de arándano rojo
~ (Quitten-)	~ de coings	Stewed quinces	~ di cotogne	~ de membrillo
Korinthen	Raisins de Corinthe	Currants	Uvetta di Corinto	Pasas de Corinto
Kumquat	Kumquat	Kumquat	Mandarino cinese, kumquat	Naranja china
Limette (Limone)	Citron vert, lime	Lime	Limetta, lime	Lima
Litschi	Litchi	Litchi, lychee	Litchi (prugna cinese)	Lichi
Mandarine	Mandarine	Mandarin orange[1]	Mandarino	Mandarina
Mandel	Amande	Almond	Mandorla	Almendra
Mango	Mangue	Mango	Mango	Mango
Maracuja	Fruit de la passion	Passion fruit	Frutto della passione[2]	Granadilla, maracuyá
Marone	Marron	Chestnut	Marrone	Castaña
Maulbeere	Mûre	Mulberry	Mora di gelso	Mora
Melone	Melon	Melon	Melone	Melón
Mirabelle	Mirabelle	Mirabelle, yellow plum	Mirabella (sorta di susina)	Ciruela amarilla
Mispel	Nèfle	Medlar	Nespola	Níspero, níspola
~ (japanische)	Nèfle du Japon	Loquat, Japanese medlar	Nespola del Giappone	Níspero del Japón
Moosbeere	Canneberge	Cranberry	Mirtillo palustre	Arándano rojo
Muskatellertrauben	Muscat, raisin muscat	Muscat grapes	Uva moscata	Uvas moscatel
Nektarine	Brugnon, nectarine	Nectarine	Pesca noce, nettarina	Nectarina[3]
Obst der Saison	Fruits de saison	Fruit in season[4]	Frutta di stagione	Fruta del tiempo
Obstsalat	Salade de fruits, fruits rafraîchis, macédoine	Fruit salad	Macedonia di frutta	Ensalada de frutas, macedonia de frutas
Obst in Sirup	Fruits au sirop	Fruit in syrup	Frutta sciroppata	Fruta en almíbar
Orange	Orange	Orange	Arancia, arancio	Naranja
~ (Blutorange)	Orange sanguine	Blood orange	Arancia sanguigna	Naranja sanguina
Orangensalat	Salade d'oranges	Orange salad	Insalata d'arance	Ensalada de naranja

1) also tangerine - 2) o maracuja e granadiglia - 3) también griñón y briñon - 4) also seasonal fruit

Obst deutsch	**Fruits** französisch	**Fruit** englisch	**Frutta** italienisch	**Frutas** spanisch
Pampelmuse	Pamplemousse	Grapefruit	Pompelmo	Pomelo
Papaya	Papaye	Papaya	Papaia, papaya	Papaya
Paranuss	Noix du Brésil	Brazil nut	Noce del Brasile	Nuez de Pará
Passionsfrucht	Fruit de la passion	Passion fruit	Frutto della passione	Granadilla
Pecannuss	Pacane, noix de pacane	Pecan, pecan nut	Noce pecan	Pacana
Pfirsich	Pêche	Peach	Pesca	Melocotón
Pflaume	Prune	Plum	Prugna, susina	Ciruela
Physalis(frucht) s. Kapstachelbeere				
Preiselbeere	Airelle (rouge)	Cranberry	Mirtillo rosso	Arándano rojo
Quitte	Coing	Quince	Cotogna, mela cotogna	Membrillo
Reineclaude	Reine-claude	Greengage	Prugna regina Claudia	Ciruela claudia
Renette	Pomme reinette	Reinette, rennet	Mela renetta	Manzana reineta
Rhabarber	Rhubarbe	Rhubarb	Rabarbaro	Ruibarbo
Rosinen	Raisins secs	Raisins	Uva passa, uvetta	Pasas, uvas pasas
Rote Früchte	Fruits rouges	Red fruit	Frutti rossi	Frutas rojas
Sauerkirsche	Griotte	Sour cherry, morello cherry	Amarena, visciola	Guinda
Schwarzbeere	Myrtille	Blueberry, bilberry	Mirtillo	Arándano
Stachelbeere	Groseille à maquereau	Gooseberry	Uva spina	Uva espina[1]
Sternfrucht	Carambole	Star fruit, carambola	Carambola	Carambola
Sultaninen	Raisins secs de Smyrne	Sultanas	Uva sultanina	Pasas sultanas
Trauben	Raisin	Grapes	Uva	Uvas
~ (blaue)	Raisin noir	Black grapes	Uva nera	~ negras
~ (weiße)	Raisin blanc	White grapes	Uva bianca	~ blancas
Treibhausobst	Fruits de serre	Hothouse fruit, forced fruit	Frutta di serra	Fruta de invernadero
Trockenfrüchte	Fruits secs	Dried fruit	Frutta secca	Fruta seca
Tropenfrüchte	Fruits tropicaux	Tropical fruit	Frutti tropicali	Frutas tropicales

1) o grosella espinosa

Obst deutsch	**Fruits** französisch	**Fruit** englisch	**Frutta** italienisch	**Frutas** spanisch
Vogelbeere (Ebereschenfrucht)	Sorbe sauvage	Rowanberry	Sorba selvatica	Serba silvestre
Waldfrüchte	Fruits des bois	Wild berries	Frutti di bosco	Frutos del bosque
Walnuss	Noix	Walnut, nut	Noce	Nuez
Wassermelone	Melon d'eau, pastèque	Watermelon	Anguria, cocomero	Sandía, melón de agua
Weichselkirsche	Griotte	Morello cherry, sour cherry	Amarena, visciola	Guinda
Weintrauben s. Trauben				
Williams Christbirne	Poire williams	Williams pear[1)]	Pera William	Pera williams
Zimtapfel	Anone, chérimole	Custard apple, soursop	Cerimolia, anona	Chirimoya, anona
Zitronatzitrone	Cédrat	Citron	Cedro	Cidra
Zitrone	Citron	Lemon	Limone	Limón
Zitrusfrüchte	Agrumes	Citrus fruits	Agrumi	Cítricos, agrios
Zwergorange s. Kumquat				
Zwetschge	Quetsche	Plum	Prugna	Ciruela

1) Am. Bartlett pear

Brot

Brot und Pizzas deutsch	**Pain et pizzas** französisch	**Bread and pizzas** englisch	**Pane e pizze** italienisch	**Pan y pizzas** spanisch
Baguette	Baguette	Baguette	Baguette	Baguette, barra
Belegtes Brot	Sandwich	Sandwich	Panino, sandwich	Bocadillo, emparedado
Brezel	Bretzel	Pretzel, bretzel	Brezel	Rosquilla
Brötchen	Petit pain	Roll	Panino	Panecillo
Brotschnitte	Tranche de pain	Slice of bread	Fetta di pane	Rebanada de pan
Club Sandwich (aus drei Lagen)	Club-sandwich (à trois étages)	Club sandwich	Club sandwich (a tre strati)	Sandwich en tres pisos
Croissant	Croissant	Croissant	Croissant, cornetto	Medialuna, croissant
Croque-monsieur (getoasteter Schinken-Käse-Sandwich)	Croque-monsieur (sandwich grillé au jambon et fromage)	Sandwich toast (toasted ham and cheese sandwich)	Toast (coppia di fette di pane tostate con formaggio e prosciutto)	Bikini (emparedado caliente de jamón y queso)
Croûtons	Croûtons	Croûtons	Crostini	Costrones
Fladenbrot	Fougasse, fouace, galette	Flat bread, focaccia	Focaccia	Torta
Grahambrot	Pain complet	Wholemeal bread[1]	Pane integrale	Pan integral
Grissini	Gressins	Grissini	Grissini	Grissini
Hausbackenes Brot	Pain de ménage	Home-baked bread	Pane casereccio	Pan casero
Holzofen-Brot	Pain cuit au bois	Wood-stove baked bread	Pane cotto a legna	Pan de leña
Holzofen-Pizza	Pizza cuite au bois	Wood-stove baked pizza	Pizza cotta a legna	Pizza al horno de leña
Hörnchen	Croissant	Crescent (roll), croissant	Cornetto, croissant	Medialuna, croissant
Käsebrot	Sandwich au fromage	Cheese sandwich	Panino al formaggio	Bocadillo de queso
Kastenbrot	Pain de mie, pain anglais	Sandwich loaf	Pane a cassetta, pan carrè	Pan de molde
Kipfel s. Hörnchen				
Knäckebrot (knusprige Scheiben Vollkornbrot)	Knäckebrot (galettes de farine non blutée)	Crispbread[2] (Swedish wholemeal crackers)	Knäckebrot (gallette sottili di farina integrale)	Knäckebrot (especie de pan integral sueco)
Kümmelbrötchen	Petit pain au cumin	Caraway roll	Panino al comino	Panecillo al comino
Landbrot	Pain de campagne	Large loaf	Grossa pagnotta	Pan grueso, hogaza

1) Am. whole wheat bread and graham bread - 2) Am. rye crisps

Brot und Pizzas deutsch	**Pain et pizzas** französisch	**Bread and pizzas** englisch	**Pane e pizze** italienisch	**Pan y pizzas** spanisch
Milchbrötchen	Petit pain au lait	Milk roll	Panino al latte	Bollo de leche
Mini-Pizzas	Mini-pizzas	Minipizzas	Pizzette	Pizzetas
Mohnbrötchen	Petit pain au pavot	Seed roll	Panino al papavero	Panecillo con adormidera
Pizza mit Gemüse	Pizza végétarienne	Vegetarian pizza	Pizza alle verdure	Pizza de verduras
~ Matrosenart	~ à la marinière	Marinara pizza	~ alla marinara	~ a la marinera
~ mit Meeresfrüchten	~ aux fruits de mer	Seafood pizza	~ ai frutti di mare	~ de mariscos
~ neapolitanisch	~ napolitaine	Neapolitan pizza	~ napoletana	~ napolitana
~ mit Pilzen	~ aux champignons	Mushroom pizza	~ con i funghi	~ de champiñones
~ Vier jahreszeiten	~ quatre saisons	Four-season pizza	~ quattro stagioni	~ cuatro estaciones
~ mit Zwiebeln	~ aux oignons	Onion pizza	~ alle cipolle	~ de cebolla
Pumpernickel	Pumpernickel (pain noir de seigle broyé)	Pumpernickel (wholemeal rye-bread)	Pane di segale (molto scuro)	Pumpernickel (pan negro de centeno)
Roggenbrot	Pan de seigle	Rye-bread	Pane di segale	Pan de centeno
Röstbrot	Pain grillé	Toast	Pane tostato	Pan tostado
Sandwich	Sandwich	Sandwich	Sandwich, panino	Emparedado, sandwich
Sandwich-Toast s. Croque-monsieur				
Schinkenbrot	Sandwich au jambon	Ham sandwich	Panino al prosciutto	Bocadillo de jamón
Schwarzbrot	Pain noir	Brown bread	Pane nero	Pan moreno, pan negro
Semmel	Petit pain	Roll	Panino	Panecillo, bollo
Sesambrötchen	Petit pan au sésame	Sesame roll	Panino al sesamo	Panecillo de sésamo
Sojabrot	Pain de soja	Soy bread	Pane di soia	Pan de soja
Toast	Toast, pain grillé	Toast	Fetta di pane tostato	Tostada
Toastbrot	Pain de mie, pain anglais	Sandwich loaf	Pane a cassetta, pan carrè	Pan de molde
Vollkornbrot	Pain complet	Wholemeal bread	Pane integrale	Pan integral
Vollkornpizza	Pizza au blé complet	Wholemeal pizza	Pizza integrale	Pizza integral
Weißbrot	Pain blanc	White bread	Pane bianco	Pan blanco
Zwieback	Biscottes	Rusks, zwieback	Fette biscottate, pane biscottato	Biscotes, bizcochos

Gewürze

Gewürze deutsch	**Épices et condiments** französisch	**Spices & condiments** englisch	**Spezie e condimenti** italienisch	**Especias y condimentos** spanisch
Angelika	Angélique	Angelica	Angelica	Angélica
Anis	Anis	Anise, aniseed	Anice	Anís
Bärlauch	Ail sauvage	Ramsons, wild garlic	Aglio orsino	Ajo de oso
Basilikum	Basilic	Basil	Basilico	Albahaca
Beifuß	Armoise	Mugwort	Artemisia	Artemisa
Bohnenkraut	Sarriette	Savory, summer savory	Santoreggia	Ajedrea
Borretsch	Bourrache	Borage	Borragine	Borraja
Cayennepfeffer	Poivre de Cayenne	Cayenne pepper, red pepper	Pepe di Caienna	Pimienta de Cayena
Chilischote	Piment rouge	Chilli, hot pepper, Am. chili	Peperoncino	Guindilla, chile
Cornichons	Cornichons	Gherkins, pickles	Cetriolini sott'aceto	Pepinillos en vinagre
Curry	Curry, cari, cary	Curry(-powder)	Curry	Curry
Dill	Aneth	Dill	Aneto	Eneldo
Engelwurz s. Angelika				
Estragon	Estragon	Tarragon	Dragoncello, estragone	Estragón, dragoncillo
Feldthymian	Serpolet	Wild thyme	Serpillo, pepolino	Serpol
Fenchel	Fenouil	Fennel	Finocchio	Hinojo
Gelbwurz s. Kurkuma				
Ingwer	Gingembre	Ginger	Zenzero	Jengibre
Jamaikapfeffer s. Piment				
Kapern	Câpres	Capers	Capperi	Alcaparras
Kapuzinerkresse	Capucine	Indian cress, nasturtium	Nasturzio, cappuccina	Capuchina
Kardamom	Cardamome	Cardamom	Cardamomo	Cardamomo
Kerbel	Cerfeuil	Chervil	Cerfoglio	Perifollo
Knoblauch	Ail	Garlic	Aglio	Ajo
Knoblauchzehe	Gousse d'ail	Clove of garlic	Spicchio d'aglio	Diente de ajo
Koriander	Coriandre	Coriander	Coriandolo	Cilantro
Kräuter (Gewürz-)	Herbes aromatiques	Herbs, aromatic herbs	Erbe aromatiche	Hierbas aromáticas
Kren	Raifort	Horseradish	Rafano, cren	Rábano picante

Gewürze deutsch	**Épices et condiments** französisch	**Spices & condiments** englisch	**Spezie e condimenti** italienisch	**Especias y condimentos** spanisch
Kreuzkümmel	Cumin	Cumin	Cumino, cumino	Comino
Kümmel	Cumin, carvi	Caraway	Comino, carvi	Comino
Kürbiskerne	Graines de courge	Pumpkin seeds	Semi di zucca	Semillas de calabaza
Kurkuma	Curcuma	Turmeric	Curcuma	Cúrcuma
Lakritze	Réglisse	Liquorice, licorice	Liquirizia	Regaliz
Lavendel	Lavande	Lavender	Lavanda	Lavanda
Liebstöckel	Livèche	Lovage	Levistico, sedano di monte	Levístico, apio de montaña
Lorbeer	Laurier	Bay	Alloro	Laurel
Lorbeerblatt	Feuille de laurier	Bay leaf	Foglia d'alloro	Hoja de laurel
Majoran	Marjolaine	Marjoram	Maggiorana	Mejorana
Meerrettich	Raifort	Horseradish	Rafano, cren	Rábano picante
Melisse	Mélisse, citronnelle	Lemon balm	Melissa, cedronella	Melisa, toronjil
Milde Gewürze	Épices douces	Mild spices	Spezie dolci	Especias dulces
Minze (Pfefferminze)	Menthe	Mint	Menta	Menta, hierbabuena
Mixed Pickles	Pickles	Mixed pickles	Sottaceti	Encurtidos (en vinagre)
Mohn	Pavot	Poppy-seed	Papavero	Adormidera
Muskatblüte	Macis	Mace	Macis	Macis, macia
Muskatnuss	Muscade, noix de muscade	Nutmeg	Noce moscata	Nuez moscada
Nelke	Clou de girofle	Clove	Chiodo di garofano	Clavo (de olor)
Nelkenpfeffer s. Piment				
Oregano (Origano)	Origan	Oregano	Origano	Orégano
Paprika(pulver)	Paprika	Paprika	Paprica, paprika	Pimentón
Peperoni, rote	Piment rouge	Chilli, hot pepper	Peperoncino rosso	Guindilla
Petersilie	Persil	Parsley	Prezzemolo	Perejil
Pfeffer	Poivre	Pepper	Pepe	Pimienta
~ grün	~ vert	Green pepper	~ verde	~ verde
~ rosa	~ rose	Pink pepper	~ rosa	~ rosa
Pfefferkörner	~ en grains	Peppercorns	~ in grani	~ en granos

Gewürze deutsch	**Épices et condiments** französisch	**Spices & condiments** englisch	**Spezie e condimenti** italienisch	**Especias y condimentos** spanisch
Pignolen s. Pinienkerne				
Piment	Poivre de la Jamaïque	Allspice, pimento	Pimento	Pimienta de Jamaica
Pimpinelle	Pimprenelle	Burnet	Salvastrella, pimpinella	Pimpinela, sanguisorba
Pinienkerne	Pignons	Pine nuts	Pinoli, pignoli	Piñones
Pistazie	Pistache	Pistachio (nut)	Pistacchio	Pistacho
Quendel s. Feldthymian				
Rosmarin	Romarin	Rosemary	Rosmarino	Romero
Safran	Safran	Saffron	Zafferano	Azafrán
Safranfäden	Pistils de safran	Saffron stigmas	Pistilli di zafferano	Hebras de azafrán
Salbei	Sauge	Sage	Salvia	Salvia
Schalotte	Échalote	Shallot	Scalogno	Chalote, ascalonia
Schnittlauch	Ciboulette	Chives	Erba cipollina	Cebollino, cebolleta
Senf	Moutarde	Mustard	Senape, mostarda	Mostaza
Sesam	Sésame	Sesame	Sesamo	Sésamo
Sesamsamen	Graines de sésame	Sesame seeds	Semi di sesamo	Semillas de sésamo
Sonnenblumenkerne	Graines de tournesol	Sunflower seeds	Semi di girasole	Pipas de girasol
Sternanis	Badiane, anis étoilé	Star anise	Anice stellato, badiana	Anís estrellado, badiana
Thymian	Thym	Thyme	Timo	Tomillo
Vanille	Vanille	Vanilla	Vaniglia	Vainilla
Vanilleschote	Gousse de vanille	Vanilla pod, vanilla bean	Stecca di vaniglia	Vaina de vainilla
Wacholder	Genièvre	Juniper	Ginepro	Enebro
Wacholderbeeren	Baies de genièvre	Juniper berries	Bacche di ginepro	Bayas de enebro
Waldmeister	Aspérule	Woodruff	Asperula, stellina odorosa	Aspérula
Weinraute	Rue	Rue	Ruta	Ruda
Zimt	Cannelle	Cinnamon	Cannella	Canela
Zitronat	Cédrat confit	Candied citron peel	Cedro candito	Cidra confitada
Zitronengras	Citronnelle	Lemongrass	Citronella	Citronela
Zitronenmelisse	Citronnelle, mélisse	Lemon balm	Melissa, cedronella	Melisa, toronjil

Alkoholische Getränke

Alkoholische Getränke deutsch	**Boissons alcooliques** französisch	**Alcoholic drinks** englisch	**Bevande alcoliche** italienisch	**Bebidas alcohólicas** spanisch
Alsterwasser (Bier mit Limonade)	Panaché, demi panaché	Shandy, Am. shandygaff	Birra con limonata	Clara (cerveza y gaseosa)
Amaretto (Mandellikör)	Amaretto (liqueur à l'amande amère)	Amaretto (almond-flavoured liqueur)	Amaretto	Amaretto (licor de almendras)
Anisette (Anislikör)	Anisette	Anisette	Anisetta	Anisete, anís
Aperitif	Apéritif	Aperitif	Aperitivo	Aperitivo
Apfelwein	Cidre	Cider, Am. hard cider	Sidro	Sidra
Bier	Bière	Beer	Birra	Cerveza
~ (ausländisches)	~ étrangère	Foreign beer	~ estera	~ de importación
~ (deutsches)	~ allemande	German beer	~ tedesca	~ alemana
~ (dunkles)	~ brune	Brown ale, dark beer	~ scura	~ negra
~ vom Fass	~ à la pression	Draught beer, draft beer	~ alla spina	~ de barril
~ (helles)	~ blonde	Pale ale, light ale, lager	~ chiara	~ rubia
~ (Münchner)	~ de Munich	Munich beer	~ di Monaco	~ de Munich
Bordeaux	Bordeaux	Bordeaux, claret	Bordeaux	Burdeos
Bowle (kaltes Getränk aus Wein und Früchten)	Cup (boisson froide à base de vin et de fruits)	Cup (chilled drink of wine and flavourings)	Bowle (bevanda fredda di vino e frutta)	Bowle (bebida fría de vino blanco y fruta)
~ (Mai-)	Cup à l'aspérule	Woodruff cup	Bowle di asperula	~ de aspérula
~ (Pfirsich-)	Cup aux pêches	Peach cup	Bowle di pesca	~ de melocotón
Branntwein	Eau-de-vie	Brandy, schnapps	Acquavite	Aguardiente
Burgunder	Bourgogne	Burgundy	Borgogna	Borgoña
Calvados (Apfelschnaps)	Calvados	Calvados (apple brandy)	Calvados (acquavite di mele)	Calvados (aguardiente de manzana)
Champagner	Champagne	Champagne	Champagne	Champán, champaña
Cidre s. Apfelwein				
Cocktail	Cocktail	Cocktail	Cocktail	Cóctel, combinado
Cognac	Cognac	Cognac, French brandy	Cognac	Coñac
Dessertwein	Vin de dessert	Dessert wine	Vino da dessert	Vino de postre

Alkoholische Getränke deutsch	Boissons alcooliques französisch	Alcoholic drinks englisch	Bevande alcoliche italienisch	Bebidas alcohólicas spanisch
Enzianschnaps	Gentiane	Gentian	Genziana	Genciana
Flaschenbier	Bière en bouteille	Bottled beer	Birra in bottiglia	Cerveza embotellada
Flaschenwein	Vin en bouteille	Bottled wine	Vino in bottiglia	Vino embotellado
Gin	Gin	Gin	Gin	Ginebra
Glühwein	Vin chaud	Mulled wine	Vino brûlé, vino caldo	Vino caliente
Irishcoffee (heißer Kaffee mit Whisky und Schlagsahne)	Café irlandais (café bouillant avec whisky et crème fraîche)	Irish coffee, gaelic coffee (hot coffee with Irish whisky and cream)	Irish coffee (caffè bollente con whisky irlandese e panna)	Café irlandés (café hirviendo con whisky y crema de nata)
Kir (Johannisbeerlikör und Weißwein)	Kir (vin blanc et cassis)	Kir (white wine and cassis)	Kir (liquore di ribes nero e vino bianco)	Kir (licor de grosella negra y vino blanco)
~ royal (Champagner und Johannisbeerlikör)	~ royal (champagne et cassis)	~ royal (champagne and cassis)	~ royal (champagne e liquore di ribes nero)	~ royal (champán y licor de grosella negra)
Kirschwasser	Kirsch	Kirsch, kirschwasser	Kirsch	Kirsch
Kümmel	Kummel	Kümmel	Kümmel	Kúmmel
Landwein	Vin du pays	Local wine	Vino nostrano	Vino del país
Likör	Liqueur	Liqueur	Liquore	Licor
Likörwein	Vin du liqueur	Fortified wine	Vino liquoroso	Vino generoso
Madeira	Madère	Madeira	Madera	Madera, Madeira
Malaga	Malaga	Malaga	Malaga	Málaga
Malvasier	Malvoisie	Malmsey, malvoisie	Malvasia	Malvasía
Maraschino	Marasquin	Maraschino	Maraschino	Marrasquino
Moselwein	Vin de Moselle	Moselle	Vino della Mosella	Mosela
Most	Moût	Must	Mosto	Mosto
Muskateller	Muscat	Muscatel, muscat	Moscato	Moscatel
Neuer Wein s. Primeur				
Portwein	Porto	Port	Porto	Oporto
Primeur	Vin primeur, vin nouveau	New wine	Vino novello	Vino nuevo
Punsch	Punch	Punch	Punch, ponce	Ponche

Alkoholische Getränke deutsch	**Boissons alcooliques** französisch	**Alcoholic drinks** englisch	**Bevande alcoliche** italienisch	**Bebidas alcohólicas** spanisch
Radlermaß s. Alsterwasser				
Rheinwein	Vin du Rhin	Rhine wine, hock	Vino del Reno	Vino del Rin
Rosé(wein)	Rosé	Rosé	Rosé, rosato	Vino rosado
Rotwein	Vin rouge	Red wine	Vino rosso, vino nero	Vino tinto
Rum	Rhum	Rum	Rum, rhum	Ron
Schaumwein	Vin mousseux	Sparkling wine	Spumante	Vino espumoso
Schnaps	Eau-de-vie	Schnapps, brandy	Acquavite	Aguardiente
Sekt	Vin mousseux	Sparkling wine	Spumante	Cava
Sherry	Xérès	Sherry	Sherry	Jerez
Strohwein	Vin de paille	Straw wine	Passito, vinsanto	Vino generoso
Süßwein	Vin doux	Sweet wine	Vino dolce	Vino dulce
Tischwein	Vin de table, vin ordinaire	Table wine	Vino da pasto	Vino de mesa
Trester(branntwein)	Marc	Marc, grappa	Grappa	Aguardiente de orujo
Wein	Vin	Wine	Vino	Vino
~ (offener)	~ en carafe, ~ en pichet	House wine	~ sfuso	~ de la casa
Weinbrand	Brandy, eau-de-vie	Brandy	Brandy, acquavite	Brandy
Weißwein	Vin blanc	White wine	Vino bianco	Vino blanco
Wermut	Vermouth	Vermouth	Vermut	Vermut
Whisky	Whisky	Whisky, whiskey	Whisky	Whisky
~ mit Soda	~ et soda	Whisky and soda	Whisky con soda	~ con soda
Wodka	Vodka	Vodka	Vodka	Vodka
Zitronenlikör	Liqueur au citron	Lemon liqueur	Limoncello	Licor de limón
Zwetschgenschnaps	Quetsche	Plum brandy	Acquavite di prugna	Aguardiente de ciruelas

Alkoholfreie Getränke

Alkoholfreie Getränke deutsch	Boissons sans alcool französisch	Non-alcoholic drinks[1] englisch	Bevande analcoliche italienisch	Bebidas sin alcohol spanisch
Brauselimonade	Limonade gazeuse	Aerated lemonade	Gassosa, gazzosa	Gaseosa
Brauselimonaden	Sodas, boissons gazeuses	Bottled sodas	Bibite gassate	Limonadas efervescentes
Buttermilch	Babeurre	Buttermilk	Latticello	Leche de manteca, suero
Cappuccino	Cappucccino	Cappuccino	Cappuccino	Capuchino
Eistee	Thé glacé	Iced tea	Tè freddo	Té helado
Eiswürfel	Glaçons	Ice cubes	Cubetti di ghiaccio	Cubitos de hielo
Erfrischungsgetränk	Boisson	Drink	Bibita	Refresco, bebida refrescante
Espresso	Express, café express	Espresso	Espresso	Exprés, café exprés
Filterkaffee	Café filtre	Percolated coffee[2]	Caffè filtro	Café filtro
Fruchtsaft	Jus de fruits	Fruit juice	Succo di frutta	Zumo de fruta
~ (Apfel-)	~ de pommes	Apple juice, sweet cider	~ di mela	~ de manzana
~ (Grapefruit-)	~ de pamplemousse	Grapefruit juice	~ di pompelmo	~ de pomelo
~ (Orangen-)	~ d'orange	Orange juice	~ d'arancia	~ de naranja
~ (Trauben-)	~ de raisin	Grape juice	~ d'uva	~ de uvas
Gemüsesaft	~ de légumes	Vegetable juice	~ di verdura	~ de verdura
Getränk	Boisson	Drink, beverage	Bevanda	Bebida
Grenadine (Granatapfelsirup)	Grenadine (sirop de grenade)	Grenadine (pomegranate syrup)	Granatina (sciroppo di melagrana)	Granadina (jarabe de granada)
Hagebuttentee	Thé d'églantine	Rose-hip tea	Infuso di rosa canina	Infusión de escaramujo
Himbeersirup	Sirop de framboise	Raspberry syrup	Sciroppo di lampone	Jarabe de frambuesas
Holundersirup	Sirop de sureau	Elderberry syrup	Sciroppo di sambuco	Jarabe de saúco
Holundertee	Tisane de sureau	Elderberry tea	Tè di sambuco	Té de saúco
Johannisbeersaft, rot	Sirop de groseilles	Redcurrant syrup	Sciroppo di ribes	Jarabe de grosellas
~ schwarz	Sirop de cassis	Blackcurrant syrup	Sciroppo di ribes nero	~ de grosellas negras
Kaffee	Café	Coffee	Caffè	Café
~ (koffeinfreier)	~ décaféiné	Caffeine-free coffee[3]	~ decaffeinato	~ descafeinado
~ mit Milch	~ au lait, ~ crème	Coffee with milk[4]	~ con latte, caffelatte	~ con leche
~ mit Sahne	~ crème	Coffee with cream[4]	~ con panna	~ con nata

1) or soft drinks - 2) Am. drip coffee - 3) or decaffeinated coffee - 4) or white coffee

Alkoholfreie Getränke deutsch	**Boissons sans alcool** französisch	**Non-alcoholic drinks** englisch	**Bevande analcoliche** italienisch	**Bebidas sin alcohol** spanisch
Kaffee mit Schuss	Café arrosé	Coffee with brandy	Caffè corretto	Carajillo
~ (schwarzer)	~ noir, ~ nature	Black coffee	~ nero	Café solo, café sin leche
Kakao	Cacao	Cocoa	Cacao	Cacao
Kamillentee	Tisane de camomille	Camomile tea	Infuso di camomilla	Té de manzanilla
Karottensaft	Jus de carotte	Carrot juice	Succo di carota	Zumo de zanahoria
Kondensmilch	Lait concentré	Condensed milk	Latte condensato	Leche condensada
Kräutertee	Thé aux herbes, tisane	Herb tea	Tè di erbe	Infusión, tisana
Limonade	Limonade	Lemonade	Limonata	Limonada
Lindenblütentee	Tisane de tilleul	Lime tea, linden tea	Infuso di tiglio	Infusión de tila
Magermilch	Lait écrémé	Skimmed milk	Latte scremato	Leche desnatada
Malzkaffee	Café d'orge	Barley coffee	Caffè d'orzo	Café de malta
Milch	Lait	Milk	Latte	Leche
~ (pasteurisierte)	~ pasteurisé	Pasteurized milk	~ pastorizzato	~ pasteurizada
Milchkaffee	Café au lait, café crème	Coffee with milk	Caffelatte	Café con leche
Milkshake	Milk-shake	Milk shake	Frullato, frappé	Batido
~ (Bananen-Milkshake)	~ à la banane	Banana milk shake	~ alla banana	~ de plátano
~ (Erdbeershake)	~ à la fraise	Strawberry milk shake	~ di fragola	~ de fresa
Mineralwasser	Eau minérale	Mineral water	Acqua minerale	Agua mineral
~ (sprudelndes)	Eau (minérale) gazeuse	Sparkling mineral water	Acqua minerale gassata	Agua mineral con gas
~ (stilles)	Eau (minérale) plate	Still mineral water	Acqua minerale liscia	Agua mineral sin gas
Orangenlimonade	Orangeade	Orangeade	Aranciata	Naranjada
Orangensaft, frisch gepresst	Orange pressée	Freshly squeezed orange juice	Spremuta d'arancia	Zumo de naranja natural
Pfeffermintee	Thé à la menthe	Mint tea	Tè di menta	Té de menta
Pfirsichtee	Thé à la pêche	Peach tea	Tè alla pesca	Té de melocotón
Sanddornsaft	Sirop d'argousier	Sea buckthorn syrup	Sciroppo di olivello spinoso	Jarabe de espino falso
Schokolade	Chocolat	Hot chocolate	Cioccolata	Chocolate
Selterswasser	Eau de seltz, eau gazeuse	Seltzer	Selz, seltz	Agua de Seltz

Alkoholfreie Getränke deutsch	**Boissons sans alcool** französisch	**Non-alcoholic drinks** englisch	**Bevande analcoliche** italienisch	**Bebidas sin alcohol** spanisch
Sirup	Sirop	Syrup	Sciroppo	Jarabe
Sodawasser	Soda	Soda(-water)	Soda	Soda
Tamarindenlimonade	Limonade de tamarin	Tamarind lemonade	Tamarindo	Limonada de tamarindo
Tee	Thé	Tea	Té, the	Té
~ (grüner)	~ vert	Green tea	~ verde	~ verde
~ mit Milch	~ au lait	Tea with milk	~ con latte	~ con leche
~ (schwarzer)	~ noir	Black tea	~ nero	~ negro
~ mit Zitrone	~ au citron	Tea with lemon	~ con limone	~ con limón
Tomatensaft	Jus de tomate	Tomato juice	Succo di pomodoro	Jugo de tomate
Vollmilch	Lait entier	Whole milk	Latte intero	Leche entera
Wasser	Eau	Water	Acqua	Agua
Weichselsirup	Sirop de griottes	Sour cherry syrup	Sciroppo di amarena	Jarabe de guindas
Zitronenlimonade	Citronnade	Lemonade	Limonata	Limonada
Zitronensaft, frisch gepresst	Citron pressé	Freshly squeezed lemon juice	Spremuta di limone	Zumo de limón natural

Frühstück

Frühstück deutsch	Petit déjeuner französisch	Breakfast englisch	Prima colazione italienisch	Desayuno spanisch
Akazienhonig	Miel d'acacia	Acacia honey	Miele d'acacia	Miel de acacia
Bacon	Bacon	Bacon	Bacon	Bacon (panceta ahumada)
Brioche	Brioche	Brioche, bun	Brioche	Brioche
Brot	Pain	Bread	Pane	Pan
Brötchen	Petit pain	Roll	Panino	Panecillo
Butter	Beurre	Butter	Burro	Mantequilla, manteca
Cappuccino	Cappuccino	Cappuccino	Cappuccino	Capuchino
Eier	Œufs	Eggs	Uova	Huevos
~ nach Wunsch	~ au choix	Eggs cooked to order	Uova a piacere	Huevos a elección
Espresso	Café express	Espresso	Espresso	Café exprés
Filterkaffee	Café filtre	Percolated coffee[1]	Caffè filtro	Café filtro
Fruchtsaft	Jus de fruits	Fruit juice	Succo di frutta	Zumo de fruta
~ (Grapefruit-)	~ de pamplemousse	Grapefruit juice	~ di pompelmo	~ de pomelo
~ (Orangen-)	~ d'orange	Orange juice	~ d'arancia	~ de naranja
Fruchtsäfte	Jus de fruits	Fruit juices	Succhi di frutta	Zumos de fruta
Gebäck	Pâtisserie, petit gâteau	Pastry	Pasta	Pasta
Gebirgshonig	Miel de montagne	Mountain honey	Miele di montagna	Miel de montaña
Gemüsesaft	Jus de légumes	Vegetable juice	Succo di verdura	Zumo de verdura
Getreideflocken	Céréales	Cereals	Fiocchi di cereali	Cereales
~ mit Sahne	~ à la crème	~ with cream	~ di cereali con panna	~ con nata
Honig	Miel	Honey	Miele	Miel
Hörnchen	Croissant	Crescent (roll), croissant	Cornetto, croissant	Medialuna, croissant
Joghurt	Yaourt	Yoghurt, yogurt	Yogurt, iogurt	Yogur
Kaffee	Café	Coffee	Caffè	Café
~ (koffeinfreier)	~ décaféiné	Decaffeinated coffee	~ decaffeinato	~ descafeinado
~ mit Milch	~ au lait, ~ crème	Coffee with milk[2]	~ con latte, caffelatte	~ con leche
~ (schwarzer)	~ noir, ~ nature	Black coffee	~ nero	~ solo, ~ sin leche
Kakao	Cacao	Cocoa	Cacao	Cacao

1) Am. drip coffee - 2) or white coffee

Frühstück

Frühstück deutsch	**Petit déjeuner** französisch	**Breakfast** englisch	**Prima colazione** italienisch	**Desayuno** spanisch
Kekse	Gâteaux secs, biscuits	Biscuits, Am. cookies	Biscotti	Galletas
Kipfel	Croissant	Crescent (roll), croissant	Cornetto, croissant	Croissant, medialuna
Konfitüre (Marmelade)	Confiture, marmelade	Jam, preserve	Marmellata, confettura	Mermelada, confitura
~ (Aprikosen-)	~ d'abricots	Apricot jam	~ d'albicocche	~ de albaricoques
~ (Erdbeer-)	~ de fraises	Strawberry jam	~ di fragole	~ de fresas
~ (Himbeer-)	~ de framboises	Raspberry jam	~ di lamponi	~ de frambuesas
~ (Johannisbeer-)	~ de groseilles	Redcurrant jam	~ di ribes	~ de grosellas
~ (Kirsch-)	~ de cerises	Cherry jam	~ di ciliege	~ de cerezas
~ (Orangen-)	~ d'oranges	Orange marmalade	~ di arance	~ de naranjas
~ (Pfirsich-)	~ de pêches	Peach jam	~ di pesche	~ de melocotón
~ (Pflaumen-)	~ de prunes	Plum jam	~ di prugne	~ de ciruelas
~ (Zitronen-)	~ de citron	Lemon marmalade	~ di limone	~ de limón
Magerjoghurt	Yaourt maigre	Low-fat yogurt	Yogurt magro	Yogur magro
Magermilch	Lait écrémé	Skimmed milk	Latte scremato	Leche desnatada
Milch	Lait	Milk	Latte	Leche
Milchkaffee	Café au lait. café crème	Coffee with milk	Caffelatte	Café con leche
Müsli (Getreideflocken mit Obst und Nüssen)	Muesli (mélange de céréales et de fruits secs)	Muesli (crushed cereals with nuts and fruit)	Muesli (miscela di cereali, noci e frutta)	Muesli (copos de cereales con fruta y nueces)
Naturjoghurt	Yaourt nature	Natural yogurt	Yogurt naturale	Yogur natural
Omelett	Omelette	Omelette, omelet	Omelette	Tortilla
~ natur	~ nature	Plain omelette	~ al naturale	~ francesa
~ mit Schinken	~ au jambon	Ham omelette	~ con prosciutto	~ con jamón
Orangensaft, frisch gepresst	Orange pressée	Freshly squeezed orange juice	Spremuta d'arancia	Zumo de naranja natural
Porridge (Haferbrei)	Porridge	Porridge	Porridge (farinata d'avena)	Porridge (copos de avena)
Roggenbrot	Pain de seigle	Rye-bread	Pane di segale	Pan de centeno
Rühreier	Œufs brouillés	Scrambled eggs	Uova strapazzate	Huevos revueltos

Frühstück deutsch	**Petit déjeuner** französisch	**Breakfast** englisch	**Prima colazione** italienisch	**Desayuno** spanisch
Sahne	Crème fraîche	Cream	Panna, crema	Nata, crema
Schinken	Jambon	Ham	Prosciutto	Jamón
~ (gegrillter)	~ grillé	Grilled ham	~ alla griglia	~ a la parrilla
Schlagsahne	Crème fouettée[1]	Whipped cream	Panna montata	Nata batida, nata montada
Schokolade	Chocolat	Hot chocolate	Cioccolata	Chocolate
Schwarzbrot	Pain noir	Brown bread	Pane nero	Pan moreno
Semmel	Petit pain	Roll	Panino	Panecillo, bollo
Spiegeleier	Œufs sur le plat	Fried eggs	Uova al tegame	Huevos fritos
~ mit Speck	~ sur le plat au bacon	Bacon and eggs	~ al bacon	~ fritos con bacon
Tee	Thé	Tea	Tè, the	Té
~ mit Milch	~ au lait	Tea with milk	~ con latte	~ con leche
~ mit Rum	~ au rhum	Tea with rum	~ con rum	~ con ron
~ mit Zitrone	~ au citron	Tea with lemon	~ con limone	~ con limón
Toast	Toast, pain grillé	Toast	Fetta di pane tostato	Tostada
~ mit Butter	Toast beurré	Buttered toast	~ di pane tostato con burro	~ con mantequilla
Tomatensaft	Jus de tomate	Tomato juice	Succo di pomodoro	Jugo de tomate
Verlorene Eier	Œufs pochés	Poached eggs	Uova affogate	Huevos escalfados
Vollkornbrot	Pain cornplet	Wholemeal bread	Pane integrale	Pan integral
Wachsweiche Eier	Œufs mollets	Medium-boiled eggs	Uova bazzotte	Huevos mollets
Weich gekochte Eier	Œufs à la coque	Soft-boiled eggs	Uova alla coque	~ pasados por agua[2]
Weißbrot	Pain blanc	White bread	Pane bianco	Pan blanco
Zitronensaft, frisch gepresst	Citron pressé	Freshly squeezed lemon juice	Spremuta di limone	Zumo de limón natural
Zucker	Sucre	Sugar	Zucchero	Azúcar
~ (Würfelzucker)	~ en morceaux	Lump sugar	~ in quadretti	~ en terrones
Zwieback	Biscottes	Rusks, zwieback	Fette biscottate	Biscotes, bizcochos

1) dite aussi Chantilly et crème Chantilly - 2) o huevos en cáscara

Fachausdrücke für Küche und Bedienung

deutsch	französisch	englisch	italienisch	spanisch
Abendessen n	dîner m	dinner	cena f, pranzo m	cena f
abkühlen	refroidir	to cool	raffreddare	(poner a) enfriar
abräumen	desservir	to clear	sparecchiare	quitar la mesa
Ahornsirup m	sirop d'érable	maple syrup	sciroppo d'acero	jarabe de arce
anmachen (den Salat)	assaisonner la salade	to dress the salad	condire l'insalata	aderezar la ensalada
Apfelessig	vinaigre de cidre	cider vinegar	aceto di mele	vinagre de sidra
Appetit m	appétit m	appetite	appetito m	apetito m
Arbeitsessen	déjeuner d'affaires	business lunch	colazione di lavoro	comida de negocios
aromatisch	aromatique	aromatic	aromatico	aromático
Aromen, mit	aux aromates	with aromatic spices	agli aromi	con especias
Art des Hauses, nach	... maison	our special...	... della casa	... de la casa
Aschenbecher m	cendrier m	ash-tray	portacenere, posacenere	cenicero m
Aspik m	aspic m, gelée f	aspic, jelly	gelatina f, aspic m	gelatina f, aspic m
Auflauf m	gratin; soufflé m	gratin; soufflé	gratin, sformato; soufflé m	gratén; soufflé, suflé m
auftragen	servir	to serve	servire	servir
aufwärmen	réchauffer	to warm up, to heat up	riscaldare	recalentar
ausgezeichnet	excellent	excellent, first-class	eccellente, ottimo	excelente
auspressen	presser	to squeeze	spremere	exprimir
Auswahl	assortiment	selection, choice	assortimento	surtido
backen (in Fett)	frire	to fry (in deep fat), to deep-fry	friggere	freír
~ (im Ofen)	cuire au four	to bake	cuocere in forno	cocer al horno
Backofen	four m	oven	forno m	horno m
Backteig m	pâte à frire, pâte à beignets	batter, dough	pastella f	pasta de freír
Bacon (Frühstücksspeck)	bacon	bacon	bacon	bacon
Bainmarie n	bain-marie m	bain-marie	bagnomaria m	baño María
Balsamessig	vinaigre balsamique	balsamic vinegar	aceto balsamico	vinagre balsámico
Bankett n	banquet m	banquet	banchetto m	banquete m

deutsch	französisch	englisch	italienisch	spanisch
bedienen	servir	to serve	servire	servir
bedienen Sie sich	servez-vous	help yourself!	si serva	sírvase Vd.
Bedienung f	service m	service	servizio m	servicio m
~ (nicht) inbegriffen	service (non) compris	service (not) included	servizio (non) compreso	~ (no) incluido
Beignet m	beignet m	fritter, beignet	frittella	buñuelo
Beilage f	garniture f	vegetables[1]	contorno m	guarnición f
mit Beilagen	garni	with vegetables	con contorno	con guarnición
Beilagen je nach Jahreszeit	garniture de saison	vegetables in season	contorno di stagione	guarnición del tiempo
Beistelltisch m	guéridon m	side table, service table	tavolino m	mesita f
Beize f	marinade f	marinade, pickle	marinata	marinada f, adobo
Belieben, nach	à discrétion, à volonté	at pleasure	a volontà	a voluntad, a discreción
besetzt	occupé, pris	occupied	occupato	ocupado
Besteck n	couvert m	cutlery, silverware[2]	posate f (pl)	cubierto m
bestellen	commander	to order	ordinare	pedir, encargar
Bestellung f	commande f	order	ordinazione f, comanda f	pedido m, encargo m
auf Bestellung	sur commande	to order, on request	su ordinazione	por encargo, a pedido
bestreichen	tartiner	to spread	spalmare	untar
bestreuen	saupoudrer	to sprinkle, to dredge	cospargere	espolvorear
biologisch	biologique	biological, bio-	biologico	biológico
Biskuitteig m	pâte à biscuit[3]	sponge, biscuit dough	pasta margherita	bizcocho
bitter	amer (f amère)	bitter	amaro	amargo
blanchieren	blanchir	to blanch	scottare	blanquear
Blätterteig m	pâte feuilletée, feuilletée	puff pastry, flaky pastry	pasta sfoglia f	hojaldre m
in Blätterteig	en feuilletage	in pastry	in pasta sfoglia, in crosta	en hojaldre
blutig (Steak)	saignant	rare, underdone	al sangue	poco hecho, sangriento
Bouquet n	bouquet m	bouquet	bouquet m	bouquet, buqué
braisiert	braisé	braised, pot-roasted	brasato	braseado
Brandteig	pâte à choux	choux pastry	pasta da bignè	pasta lionesa

1) also garnish and side dish- 2) also flatware - 3) ou génoise

deutsch	französisch	englisch	italienisch	spanisch
braten	rôtir	to roast	arrostire	asar
Braten m	rôti m	roast, joint	arrosto m	asado
Bratensaft m	jus m	gravy, brown gravy	sugo di carne m	jugo (de carne) m
Brotkorb m	corbeille à pain f	bread-basket	cestino del pane m	cestilla del pan f
Buchweizen	sarrasin, blé noir	buckwheat	grano saraceno	trigo sarraceno, alforfón m
Buffet n	buffet m	buffet	buffet m	bufé, buffet m
Business-Lunch m	déjeuner d'affaires	business lunch	colazione di lavoro	comida de negocios
Butter f	beurre m	butter	burro m	mantequilla, manteca
Buttermilch	babeurre m	buttermilk	latticello	leche de manteca, suero
chambriert	chambré	chambré	a temperatura ambiente	a temperatura ambiente
Chef s. Küchenchef				
Civet n (Wildragout)	civet, salmis m	civet, salmi (game stew)	salmì m	civet, ragú de caza
Confit (Eingemachtes)	confit m	confit	confit	confit
Crêpe f	crêpe f	crêpe, pancake	crêpe, crespella f	crepe f
Curry, mit	au curry	curried, in curry	al curry	con curry, al curry
decken (den Tisch)	mettre le couvert	to lay the table	apparecchiare la tavola	poner la mesa
Degustationsmenü	menu dégustation	tasting menu	menu degustazione	menú de degustación
Dessert n	dessert m	dessert, sweet (course)	dessert m	postre m
Dessertteller	assiette à dessert	dessert plate	piatto da dessert	plato de postre
Diät f	régime m	diet	dieta f	régimen m, dieta f
Diätkost	cuisine de régime, cuisine minceur	dietary cuisine	cucina dietetica	cocina de régimen
dickflüssig	épais (f épaisse)	thick	denso	espeso, denso
Dickmilch	lait caillé	curdled milk	latte cagliato	leche cuajada
Diner n	dîner m	dinner	pranzo	cena
~ bei Kerzenlicht	~ aux chandelles	candlelight dinner	~ a lume di candela	cena con velas
Dinkel	épeautre m	spelt	farro	espelta, farro
Dip m (dicke Sauce)	dip	dip, dipping sauce	salsa	salsa

deutsch	französisch	englisch	italienisch	spanisch
doppelt	double	double	doppio	doble
Dosen-...	en boîte, en conserve	tinned, canned	in scatola	en lata
Dosenöffner m	ouvre-boîte m	tin-opener, can-opener	apriscatole m	abrelatas m
Dressing n (Salatsauce)	sauce (pour salades)	dressing, salad dressing	salsa, condimento	salsa (para ensaladas)
dünn	mince	thin	sottile	delgado
dünsten	étuver, braiser	to stew	stufare	estofar, rehogar
Dutzend; pro Dutzend	douzaine; la douzaine	dozen; a dozen	dozzina f; la dozzina	docena f; la docena
~ (halbes Dutzend)	demi-douzaine	half-dozen	mezza dozzina	media docena
Eierbecher m	coquetier m	egg-cup	portauovo m	huevera f
Eigelb n	jaune d'œuf m	egg-yolk	rosso d'uovo, tuorlo m	yema (de huevo) f
Einbrenne f	roux	roux (mixture of fried fat and flour)	roux (farina rosolata nel burro)	salsa rubia (harina tostada en mantequilla)
einheimisch	du pays, local	local, domestic	nostrano, locale	del país, local
einschenken	verser	to pour	versar (da bere)	echar (de beber)
Eintopfgericht	plat unique	single-dish meal	piatto unico	plato único
Eis n	glace f	ice	ghiaccio m	hielo m
eisgekühlt	glacé (Getränke: frappé)	iced, chilled	ghiacciato	helado
Eiskübel m	seau à glace m	ice bucket, ice pail	secchiello da ghiaccio	cubo para hielo
Eiswürfel	glaçon m	ice cube	cubetto di ghiaccio	cubito de hielo
Eiweiß n	blanc d'œuf m	egg white	chiara d'uovo f, albume m	clara de huevo f
empfehlen	conseiller, recommander	to suggest, to recommend	consigliare	recomendar
englisch (halb durch)	saignant	rare, underdone	al sangue	poco hecho
entbeinen; entbeint	désosser; désossé	to bone; boned	disossare; disossato	deshuesar; deshuesado
entkernen	énoyauter	to stone, to pit	snocciolare	deshuesar
entkorken	déboucher	to uncork	stappare, sturare	destapar, descorchar
ersetzen	remplacer	to replace, to substitute	sostituire	sustituir, remplazar
essbar	comestible	edible	commestibile	comestible

deutsch	französisch	englisch	italienisch	spanisch
essen	manger	to eat	mangiare	comer
à la carte essen	manger à la carte	to eat à la carte	mangiare alla carta	comer a la carta
zu Abend essen	dîner	to dine, to have dinner	cenare, pranzare	cenar, comer
zu Mittag essen	déjeuner	to have lunch, to lunch	pranzare	almorzar
Essig m	vinaigre m	vinegar	aceto m	vinagre m
~ (Obstessig)	vinaigre de cidre	cider vinegar	aceto di mele	vinagre de sidra
exotisch	exotique	exotic	esotico	exótico
Farce f	farce f	stuffing, filling, dressing	farcia f, ripieno m	relleno m
farcieren	farcir	to stuff	farcire	rellenar
Fastenspeise	plat maigre m	meatless dish	piatto di magro m	plato de vigilia
Feinschmecker m	gourmet	gourmet, gastronome	buongustaio	gourmet
fertig	prêt	ready	pronto	listo
fett	gras (f grasse)	fatty, fat	grasso	graso
Fett n	graisse f	fat	grasso m	grasa f
Fingerschale f	rince-doigts m	finger-bowl, finger-glass	lavadita, sciacquadita m	lavadedos m
Fischbesteck n	couvert à poisson	fish knife and fork	posate da pesce	cubierto de pescado
Fischgericht n	plat de poisson	fish dish	piatto di pesce	plato de pescado
Fischmenü	menu de poisson	fish menu	menu di pesce	menú de pescado
Fischsteak	darne f	fish steak	cotoletta	escalope
Fischspezialitäten	spécialités de poisson	fish specialities	specialità di pesce	especialidades de pescado
Fischsud m	court-bouillon m	court-bouillon (fishstock)	court-bouillon	caldo corto
flambiert	flambé	flambé, flaming	alla fiamma, flambé	flameado
Flan m	flan, pain, gâteau	pudding, mould	sformato	flan, budín
Flasche f	bouteille f	bottle	bottiglia f	botella f
~ (halbe Flasche)	demi-bouteille	half-bottle	mezza bottiglia	media botella
Flaschenöffner	ouvre-bouteilles m[1]	bottle opener	apribottiglie, levacapsule m	abridor m
Fleischgericht n	plat de viande	meat dish	piatto di carne	plato de carne
flüssig	liquide	liquid	liquido	líquido

1) ou décapsuleur m

deutsch	französisch	englisch	italienisch	spanisch
Folie, in	en papillote	en papillote	al cartoccio	en papillote
Form f (Backform)	moule m	mould	stampo m, forma f	molde m
Freilandente	canard de ferme	free-range duck	anatra di cortile	pato de granja
Frikadelle	boulette, fricadelle f	cake, patty, meatball	polpetta	albóndiga
Frikassee n	fricassée, blanquette f	fricassee	fricassea f	fricasé m
frisch	frais (f fraîche)	fresh	fresco	fresco
frittieren	frire	to fry, to deep-fry	friggere	freír
Frittüre f	friture f	fried...	frittura f	fritura, fritada f
Frühstück n	petit déjeuner m	breakfast	prima colazione f	desayuno m
frühstücken	déjeuner	to have breakfast[1]	far colazione	desayunar
Frühstücksbuffet	petit déjeuner au buffet	breakfast buffet	prima colazione al buffet	buffet de desayuno
Füllung	farce f	stuffing, filling, dressing	ripieno m, farcia f	relleno m
Gabel f	fourchette f	fork	forchetta f	tenedor m
Galadiner	dîner de gala	gala dinner	pranzo di gala	cena de gala
Galantine f	galantine f	galantine	galantina f	galantina f
Gang m	plat m, service m	course	portata f, piatto m	plato m
~ (erster)	premier plat	first course	primo piatto	primer plato
~ (zweiter)	deuxième plat	second course	secondo piatto	segundo plato
Gänseschmalz n	graisse d'oie	goose fat, goose grease	grasso d'oca	manteca de ganso
ganz (ungeteilt)	entier	whole, entire	intero	entero
Garderobe f	vestiaire m	cloak-room	guardaroba m	guardarropa m
garnieren; garniert	garnir; garni	to garnish; garnished	guarnire; guarnito	guarnecer; guarnecido
gebacken	au four	baked, oven-cooked	al forno	al horno
~ in Fett	frit	fried, deep-fried	fritto	frito
gebeizt	mariné, en marinade	pickled, marinated, soused	marinato	marinado, adobado
gebraten	rôti	roast, roasted	arrostito, arrosto	asado
~ (in der Pfanne)	poêlé, sauté	sauté, sautéed, (pan-)fried	sauté[2], saltato	salteado
~ (auf dem Rost)	grillé	grilled, broiled	alla griglia, ai ferri	a la parrilla, emparrillado

1) also to breakfast - 2) undeklinierbar

Fachausdrücke für Küche und Bedienung

deutsch	französisch	englisch	italienisch	spanisch
gedämpft	à la vapeur	steamed	al vapore	al vapor
Gedeck n	couvert m	cover	coperto m	cubierto m
gedünstet	étuvé, en ragoût	stewed	stufato, in umido	estofado, guisado
Gefrierfach n	freezer	freezer	freezer, congelatore	congelador m
gefroren	glacé (Getränke: frappé)	iced, chilled	ghiacciato	helado
gefüllt	farci	stuffed, filled	ripieno, farcito	relleno
gegrillt	grillé	grilled, broiled	alla griglia, ai ferri	a la parrilla, emparrillado
gehackt	haché	minced, chopped	tritato	picado
gekocht	cuit	cooked	cotto	cocido, hervido
Gelatine f	gélatine f	gelatin(e)	gelatina, colla di pesce	gelatina f, cola de pescado
Gelee n	gelée f	jelly	gelatina f	gelatina (Obst: jalea)
in Gelee	en gelée	jellied, in jelly	in gelatina	en gelatina
gemischt	mêlé, mélangé, assorti	mixed, assorted	assortito, misto	mixto, variado
gepökelt	salé, saumuré	salt, pickled, cured	salato	salado
geräuchert	fumé	smoked	affumicato	ahumado
Gericht n	plat m, mets m	dish	piatto m, pietanza f	plato m
~ auf Bestellung	plat sur commande	dish (prepared) to order	piatto da farsi	plato a pedido
empfohlene Gerichte	plats recommandés	suggested dishes	piatti consigliati	platos recomendados
exotisches Gericht	plat exotique	exotic dish	piatto esotico	plato exótico
fertige Gerichte	plats tout prêts	ready dishes	piatti pronti	platos listos
kaltes Gericht	plat froid	cold dish	piatto freddo	plato frío
saisonale Gerichte	plats de saison	seasonal dishes	piatti stagionali	platos de temporada
warmes Gericht	plat chaud	hot dish	piatto caldo	plato caliente
gerieben	râpé	grated	grattugiato, grattato	rallado
Gerste f	orge f	barley	orzo m	cebada f
Geruch m	odeur f	smell, odour	odore m	olor m
Geschmack m	goût m	taste	gusto m	gusto m, sabor m
geschmacklos	fade, sans goût	tasteless, insipid	insipido	insípido, soso

deutsch	französisch	englisch	italienisch	spanisch
geschmort	braisé, en daube	braised, stewed	brasato, stufato	estofado, braseado
gesotten	bouilli	boiled	lessato, bollito	hervido, cocido
gespickt	lardé	larded	lardellato	mechado, lardeado
Getränk n	boisson f	drink, beverage	bevanda f	bebida f
Getränke (nicht) inbegriffen	boissons (non) comprises	drinks (not) included	bevande (non) comprese	bebidas (no) incluidas
Getreide n	céréales f (pl)	cereals (pl)	cereali m (pl)	cereales m (pl)
getrüffelt	truffé	truffled	tartufato	trufado
gezuckert	sucré	sweetened, sugared	zuccherato	azucarado
Glas n	verre m	glass	bicchiere m	vaso (mit Stiel: copa)
~ (Likör-)	petit verre, verre à liqueur	liqueur glass, small glass	bicchierino	copita
~ (Wasser-)	verre à eau	water glass	bicchiere da acqua	vaso para agua
~ (Wein-)	verre à vin	wine glass	bicchiere da vino	vaso para vino
glasiert (glaciert)	glacé	glazed (Gebäck: iced, frosted)	glassato	glaseado
Glasur f	glace f	icing, frosting	glassa f	baño (de azúcar) m
Gräte f	arête f	fish-bone	lisca, spina di pesce	espina f
Gratin n	gratin m	gratin, bake	gratin m	gratén m
gratiniert	au gratin, gratiné	au gratin, baked	gratinato, al gratin	al gratén, gratinado
Grieß m	semoule f	semolina	semolino	sémola
Grill, vom	grillé	grilled, broiled	alla griglia, ai ferri	a la parrilla, emparrillado
grillen	griller	to grill, to broil	grigliare	emparrillar
Größe, je nach	selon grosseur	according to size	secondo grandezza	según tamaño
Grünkern m	épeautre vert	green spelt	farro verde	farro verde
Gulasch m	goulache, goulasch m	goulash	gulasch m	gulasch
gut	bon (f bonne)	good	buono	bueno
gut durchgebraten (Steak)	bien cuit	well done	ben cotto	bien hecho
Hackfleisch	hachis de viande	minced meat	carne macinata	carne picada

deutsch	französisch	englisch	italienisch	spanisch
Haferflocken	flocons d'avoine	oat flakes	fiocchi d'avena	copos de avena
halb	demi	half	mezzo	medio
hart	dur	hard	duro	duro
Hauptgericht n	plat principal	main course, main dish	piatto forte m	plato principal[1]
hausgemacht (hausgebacken)	maison	home-made (home-baked)	casereccio	casero
hausgeräuchert	fumé maison	home-smoked	affumicato in casa	ahumado en casa
Hefe	levure f	yeast	lievito m	levadura f
Hefeteig m	pâte levée	yeast dough	pasta lievitata f	masa de levadura
heimisch (hiesig)	local, du pays	local, domestic	nostrano, locale	de la región
heiß	chaud	hot	caldo, molto caldo	caliente, muy caliente
Himbeeressig	vinaigre de framboises	raspberry vinegar	aceto di lamponi	vinagre de frambuesa
hinzufügen	ajouter	to add	aggiungere	añadir
Hirse	millet m	millet	miglio	mijo
Holzofen	four à bois	wood-burning oven	forno a legna	horno de leña
Holzkohlengrill, vom	au feu de bois	charbroiled	alla brace	a la brasa
Honig m	miel m	honey	miele m	miel f
Imbiss m	en-cas m, casse-croûte m[2]	snack	spuntino m	refrigerio, tentempié m
Imbissstube	snack, snack-bar, cafétéria	snack-bar	tavola calda	cafetería
Jahrgang (Wein)	millésime m	vintage year	annata f	añada
Jause f	goûter m	snack, teatime	merenda f	merienda
Joghurt (m u. n)	yaourt	yoghourt, yogurt	yogurt	yogur
~ (Fruchtjoghurt)	~ aux fruits	fruit yogurt	~ alla frutta	~ de fruta
~ (Magerjoghurt)	~ maigre	low-fat yogurt	~ magro	~ desnatado
~ (Naturjoghurt)	~ nature	plain yogurt	~ naturale	~ natural
Kaffeekanne f	cafetière f	coffee-pot	caffettiera f	cafetera f
Kaffeelöffel m	petite cuiller, cuiller à café	coffee-spoon	cucchiaino m	cucharilla, cucharita f
Kakao m	cacao	cocoa	cacao	cacao

1) o plato fuerte - 2) ou légère collation

deutsch	französisch	englisch	italienisch	spanisch
kalorienarm	à basses calories, allégé	low-calorie	ipocalorico	bajo en calorías
kalorienarmes Gericht	plat allégé	low-calorie dish	piatto ipocalorico	plato bajo en calorías
kalt	froid	cold	freddo	frío
kaltes Buffet	buffet froid	cold buffet	buffet freddo	buffet frío
Karaffe f	carafe f	carafe; decanter	caraffa f	garrafa f
Karamell m	caramel	caramel	caramello m	caramelo
karamellisiert	caramelisé	caramelized	caramellato	acaramelado, caramelizado
Kasserolle f	cocotte f, casserole f	casserole, stewpan	casseruola f	cacerola, cazo
Keller m	cave f	cellar	cantina f	bodega f
Kellner m	garçon m	waiter	cameriere m	camarero
Kellnerin f	serveuse f	waitress	cameriera f	camarera
Kindermenü	menu pour enfants	children's menu	menu per bambini	menú para niños
Kinderstuhl	chaise d'enfant[1]	high chair	seggiolone (per bambini)	silla de niño
klein	petit	small, little	piccolo	pequeño
Kleingeld n	monnaie f	change, small change	spiccioli m (pl)	dinero suelto, calderilla
Kloß; Klößchen	boulette; quenelle f	dumpling; quenelle	gnocco; gnocchetto	albóndiga; albondiguilla
Knochen m	os m	bone	osso m	hueso m
Knödel m	boulette f, knödel f	dumpling, knödel	gnocco, canederlo m	albóndiga f
knusprig	croquant, croustillant	crisp	croccante	crujiente
Koch m	cuisinier m	cook	cuoco m	cocinero m
kochen	cuire	to cook	cuocere	cocer, cocinar, guisar
Kochen n	cuisson f	cooking	cottura f	cocción f
Kochzeit: .. Minuten	cuisson: ... minutes	cooking time: ...minutes	cottura: ...minuti	cocción: ... minutos
Kompott n	compote f	stewed fruit, compote	frutta cotta, composta	compota f
Konditorcreme	crème pâtissière	custard filling	crema pasticcera	crema pastelera
Korken m	bouchon m	cork	tappo m, turacciolo m	corcho, tapón m
Korkenzieher m	tire-bouchon m	corkscrew	cavatappi m	sacacorchos, tirabuzón m
kosten	goûter (Getränke: déguster)	to taste	assaggiare	degustar, probar

1) ou chaise haute

deutsch	französisch	englisch	italienisch	spanisch
köstlich	délicieux (f. délicieuse)	exquisite, delicious	squisito	delicioso
Kotelett n	côte, côtelette f	chop (kleines: cutlet)	costoletta f	chuleta f
Kotelettmanschette f	manchette f, papillote f	paper-frill, chicken-frill	papillote	papillote
Kräuter	herbes f	herbs	erbe f	hierbas f
mit Kräutern	aux (fines) herbes	with herbs	alle erbe	a las hierbas
Kräuteressig	vinaigre aromatique	aromatic vinegar	aceto aromatico	vinagre aromático
Kräutersträußchen	bouquet garni	bouquet garni	odori, mazzetto di odori	ramillete m
Kreditkarte f	carte de crédit	credit card	carta di credito	tarjeta de crédito
Krokette f	croquette f	croquette	crocchetta f	croqueta f
Krug m	cruche f	pitcher, jug	brocca f	jarra f, cántaro m
Küche (Raum)	cuisine f	kitchen	cucina f	cocina f
~ (bürgerliche)	~ bourgeoise	plain cooking	~ casalinga	cocina casera
~ (französische)	~ française	French cuisine	~ francese	~ francesa
~ (internationale)	~ internationale	international cuisine	~ internazionale	~ internacional
~ (mediterrane)	~ méditerranéenne	mediterranean cuisine	~ mediterranea	~ mediterránea
~ (regionale)	~ régionale	regional cuisine	~ regionale	~ regional
~ (traditionelle)	~ traditionnelle	traditional cuisine	~ tradizionale	~ tradicional
~ (vegetarische)	~ végétarienne	vegetarian cuisine	~ vegetariana	~ vegetariana
Küchenchef m	chef (de cuisine) m	chief cook, chef	capocuoco, chef	jefe de cocina, chef
... des Chefs	... du chef	chef's...	... dello chef	...del chef
der Chef empfiehlt	le chef vous recommande	the chef suggests	lo chef consiglia	el chef recomienda
Kühlschrank m	réfrigérateur, frigidaire	refrigerator	frigorifero m	nevera f, frigorífico m
lauwarm	tiède	lukewarm, warm	tiepido	tibio, templado
legieren (Sauce, Suppe)	lier	to thicken	legare, addensare	ligar, espesar
leicht	léger	light	leggero	ligero
Liter (m u. n)	litre m	litre, Am. liter	litro m	litro m
~ (halbes Liter)	demi-litre	half a litre	mezzo litro	medio litro
Löffel m	cuiller f, cuillère f	spoon	cucchiaio m	cuchara f

deutsch	französisch	englisch	italienisch	spanisch
Lokalgericht (m u. n)	plat typique	local dish	piatto tipico	plato típico
mager	maigre	lean	magro	magro
mahlen; gemahlen	moudre; moulu	to grind; ground	macinare; macinato	moler; molido
Mahlzeit f	repas m	meal	pasto m	comida f
~ nach der Karte	repas à la carte	à la carte meal	pasto alla carta	comida a la carta
~ zu festem Preis	repas à prix fixe	fixed price meal	pasto a prezzo fisso	comida a precio fijo
Maître (Servicechef)	maître (d'hotel)	maître d'hôtel, headwaiter	maître, direttore	maître, jefe de comedor
Margarine f	margarine f	margarine[1]	margarina f	margarina f
Marinade f	marinade f	marinade, pickle	marinata f	escabeche m, marinada f
mariniert	mariné, en marinade	marinated, soused, pickled	marinato	marinado, en escabeche
Marmelade	confiture f, marmelade	jam (aus Zitrusfrüchten: marmalade)	marmellata, confettura	mermelada, confitura
Marzipan n	massepain m	marzipan	marzapane m	mazapán m
Matelote f (Fischragout)	matelote f	fish stew, matelote	stufato di pesce	estofado de pescado
Medaillon n	médaillon m	medallion, médaillon	medaglione m	medallón m
Mehl n	farine f	flour	farina f	harina f
~ (Vollkornmehl)	farine complète	wholemeal flour	farina integrale	harina integral
Mehl, bestreuen mit	enfariner	to flour	infarinare	enharinar
Mehlschwitze s. Einbrenne				
Melasse	mélasse f	treacle, golden syrup[2]	melassa f	melaza f
Menage f	huilier m, ménagère f	cruet-stand	oliera f	vinagreras f (pl)
Menge, je nach	selon quantité	according to amount	secondo quantità	según cantidad
Menü n	menu m	menu	menu, menù m	menú m, minuta f
Drei-Gänge-Menü	~ à trois plats	three-course menu	menu di tre portate	menú de tres platos
Fünf-Gänge-Menü	~ à cinq plats	five-course menu	menu di cinque portate	menú de cinco platos
Messer n	couteau m	knife	coltello m	cuchillo
Milchkännchen	pot à lait m	milk-jug	bricco del latte m	jarrita de leche
Mittagessen n	déjeuner m	lunch	pranzo m, colazione f	almuerzo m, comida f

1) Am. oleomargarine - 2) Am. molasses

deutsch	französisch	englisch	italienisch	spanisch
Mürbeteig m	pâte sablée, pâte sucrée	short pastry	pasta frolla f	pasta quebrada dulce
~ (Pastetenteig)	~ brisée, ~ à foncer	short pastry	pasta brisée	pasta quebrada
Nachtisch m	dessert m	dessert, sweet (course)	dessert m	postre m
nappieren	napper	to coat	cospargere, nappare	napar, bañar
Naturreis	riz complet, riz brun	brown rice	riso integrale	arroz con cáscara
Neujahrsdiner	réveillon de la Saint-Sylvestre	New Year's Eve dinner	cenone di San Silvestro	cena de Nochevieja
Nockerln	noques, quenelles	dumplings, quenelles	gnocchetti, chenelle	albondiguillas
Nussknacker m	casse-noix m	nutcrackers (pl)	schiaccianoci m	cascanueces m
Ober m	garçon	waiter	cameriere	camarero
Obstschale f	coupe à fruits f	fruit-dish, fruit bowl	fruttiera f	frutero m
Ofen m	four m	oven	forno m	horno m
aus dem Ofen	au four	baked, oven-cooked	al forno	al horno
öffnen	ouvrir	to open	aprire	abrir
Öl	huile f	oil	olio m	aceite m
Olivenöl (kaltgepresst)	huile d'olive (vierge)	(virgin) olive oil	olio d'oliva (vergine)	aceite de oliva (virgen)
Walnussöl	huile de noix	walnut oil	olio di noci	aceite de nueces
Öl- und Essigständer	huilier m, ménagère f	cruet-stand	oliera f	vinagreras f (pl)
Ostermenü	menu de Pâques	Easter menu	menu di Pasqua	menú de Pascua
Paniermehl	chapelure f	breadcrumbs	pangrattato	pan rallado
paniert	pané	breaded, crumbed	impanato, panato	empanado, rebozado
Papierserviette f	serviette en papier	paper napkin	tovagliolo di carta	servilleta de papel
Papillote, en (in Pergament)	en papillote	en papillote	al cartoccio	en papillote
Pastete	pâté en croûte	pie, pâté	pâté in crosta	pastel, paté m
~ ohne Teigumhüllung	terrine, pâté (en terrine)	pâté, terrine, paste	pâté, terrina	paté, terrina
Pastetenteig	pâte brisée, pâte à foncer	shortcrust pastry	pasta brisée	pasta quebrada
Person, pro	par personne, par tête	per person, each	a persona, a testa	por persona

deutsch	französisch	englisch	italienisch	spanisch
Pfanne (Brat-)	poêle f	frying-pan, Am. skillet	padella f	sartén f
Pfeffermühle f	moulin à poivre m	pepper mill	macinapepe	molinillo de pimienta
pfeffern	poivrer	to pepper	pepare	sazonar con pimienta
Pfefferstreuer m	poivrier m, poivrière f	pepper pot[1]	pepaiola f	pimentero m
Pflanzenfett n	graisse végétale f	vegetable fat	grasso vegetale m	grasa vegetal f
pikant	épicé, piquant	hot, spicy	piccante	picante
Platte f	plat m	plate, platter	piatto m	fuente, plato
Plattfisch	poisson plat	flatfish	pesce piatto	pez de cuerpo aplanado
pochieren	pocher	to poach	sobbollire	escalfar
Pökel m	saumure f	brine, pickle	salamoia f	salmuera f, adobo m
Portion f	portion f	portion, serving, helping	porzione f	ración f, porción f
~ (halbe Portion)	demi-portion	half-portion	mezza porzione	media ración
Preis m	prix m	price, rate	prezzo m	precio m
zu festem Preis	à prix fixe	at fixed price	a prezzo fisso	a precio fijo
Prise f	pincée f, prise f	pinch	presa f, pizzico m	pizca
probieren s. kosten				
Pudding m	pouding, pudding	pudding	budino m	pudín, budín m, flan
Püree n	purée f	purée	purè m, purea f, passato	puré m
Quark m	fromage blanc	curd cheese, cottage cheese	ricotta f	requesón m, queso fresco
Quiche f	quiche f	quiche (flan)	quiche f	quiche, torta f
Ragout n	ragoût m, sauté m	stew, ragout	stufato m, spezzatino m	ragú, guisado m
Rahm	crème, crème fraîche	cream	panna, crema f	nata, crema f
Rand (Ring) m	bordure f, couronne f	ring	corona f, anello m	corona f
Rechaud s. Wärmeplatte				
Rechnung f	addition f	bill, Am. check	conto m	cuenta f, nota f
Regionale Spezialitäten	spécialités régionales	regional specialties	specialità regionali	especialidades regionales

1) Am. pepper shaker

deutsch	französisch	englisch	italienisch	spanisch
reif	mûr	ripe	maturo	maduro
überreif	trop mûr	overripe	troppo maturo	muy maduro
unreif	non mûr	unripe	non maturo, acerbo	no maduro
rein (sauber)	propre	clean	pulito	limpio
reservieren	réserver	to reserve	riservare, prenotare	reservar
reserviert	réservé	reserved	riservato, prenotato	reservado
Rest m (von Geld)	monnaie f	change	resto m	resto m
Restaurant n	restaurant m	restaurant	ristorante m	restaurante m
~ im Freien	~ en plein air	outdoor restaurant[1]	ristorante all'aperto	~ al aire libre
Rezept n	recette f	recipe	ricetta f	receta f
Rippchen n	côtelette f	chop, cutlet	costina f, braciola f	costilla f
Rogen (von Krustentieren)	corail m	coral (ovary of a lobster)	corallo (uova di crostacei)	coral (huevas de marisco)
Roggen m	seigle m	rye	segale f	centeno m
roh	cru	raw	crudo	crudo
Röllchen n	paupiette f	roll, roulade	involtino m	rollo, rollito, popieta
Rosinen	raisins secs	raisins	uvetta, uva passa	pasas, uvas pasas
Rost, vom	grillé, au gril	grilled, broiled	alla griglia, ai ferri	a la parrilla, emparrillado
Saft m	jus m	juice	sugo m, succo m	jugo m (Fruchtsaft: zumo)
saftig	juteux (f juteuse)	juicy, succulent	sugoso	jugoso, suculento
Sahne f	crème, crème fraîche	cream	panna f, crema f	nata, crema f
in Sahne	à la crème	in cream, creamed	alla panna, alla crema	a la crema, con crema
Saison, außer	hors de saison	out of season	fuori stagione	fuera de temporada
Salatbuffet	salades au buffet	salad buffet	buffet di insalate	buffet de ensaladas
Salatschüssel f	saladier m	salad bowl	insalatiera f	ensaladera f
Salmi n (Federwildragout)	salmis m	salmi (ragout of game)	salmì m	salmis (ragú de caza)
Salz n	sel m	salt	sale m	sal f
~ (grobes Salz)	gros sel	coarse salt	sale grosso	sal gruesa
~ (Meersalz)	sel marin	sea salt	sale marino	sal marina

1) also open-air restaurant

deutsch	französisch	englisch	italienisch	spanisch
salzig	salé	salty	salato	salado
salzen; gesalzen	saler; salé	to salt; salted	salare; salato	salar; salado
Salzkruste, in	au sel, en croûte de sel	in salt crust	al sale, in crosta di sale	a la sal
Salzlake	saumure f	brine, pickle	salamoia f	salmuera f
salzlos	sans sel	unsalted	non salato	sin sal
Salzstreuer m	salière f	salt-cellar, Am. saltshaker	saliera f	salero m
Sauciere f	saucière f	sauce boat, gravy boat	salsiera f	salsera f
sauer	aigre, sur	sour, acid	acido	ácido, agrio
Sauerkraut n	choucroute f	sauerkraut	crauti (pl)	chucrut m
Sauerrahm m	crème aigre	sour cream, soured cream	panna acida	crema agria, nata agria
sautiert	sauté, poêlé	sauté, sautéed, stir-fried	saltato	salteado
Schale f	écorce f (von Obst: pelure)	rind, peel	buccia f, scorza f	cáscara (von Obst: piel f)
~ von Zitrusfrüchten	zeste m	peel, zest, zeste	buccia, scorza	corteza, cáscara
schälen	éplucher	to peel	sbucciare	pelar, mondar
scharf (Speise)	épicé, piquant	hot, spicy	piccante	picante
Schaum(creme)	mousse f	mousse, whip	spuma f, mousse f	espuma f, mousse
Scheibe f	tranche f	slice	fetta, trancia f, trancio m	loncha, lonja (Brot: rebanada)
Schicht f	couche f	layer	strato m	capa f
Schlagsahne f	crème fouettée[1]	whipped cream	panna montata	nata batida, nata montada
schlecht	mauvais	bad	cattivo	malo
schmackhaft	savoureux (f savoureuse)	savoury, appetizing	saporito, gustoso	sabroso, apetitoso
Schmalz (Schweine-)	saindoux m	lard	strutto m	manteca de cerdo
schmelzen; geschmolzen	fondre; fondu	to melt; melted	fondere; fuso	fundir, fundido; derretir, derretido
schmoren	braiser	to stew, to braise	brasare, stufare	estofar, brasear, rehogar
Schmortopf m	casserole f, cocotte f	casserole, stewpan	casseruola f	cacerola f

1) dite aussi Chantilly et crème Chantilly

deutsch	französisch	englisch	italienisch	spanisch
schneiden	couper	to cut	tagliare	cortar
Schnitzel n	escalope f	escalope	scaloppa, scaloppina f	escalope m, escalopa f
Schokolade f	chocolat m	chocolate	cioccolato m	chocolate m
~ (weiße)	~ blanc	white chocolate	~ bianco	~ blanco
~ (zartbitter)	~ noir, ~ amer	plain chocolate[1]	~ fondente, ~ amaro	~ amargo, ~ negro
Seefisch	poisson de mer	marine fish	pesce di mare	pescado de mar
Sektkühler m	seau à champagne m	champagne-cooler	secchiello da champagne	cubo del champaña
Selbstbedienungs-Restaurant	restaurant libre-service	self-service, cafeteria	self-service	restaurante autoservicio
Semmelbrösel	chapelure f	breadcrumbs	pangrattato	pan rallado
Senf m	moutarde f	mustard	senape f, mostarda	mostaza f
Senffrüchte	fruits confits à la moutarde	mustard fruit	mostarda di frutta	fruta confitada en mostaza
Senftopf m	moutardier	mustard-pot	mostardiera	mostacera f
servieren	servir	to serve	servire	servir
alle Grillgerichte werden mit Kartoffeln serviert	toutes les grillades sont garnies aux pommes	all grill dishes are served with potatoes	le carni alla griglia sono guarnite con patate	las carnes a la parrilla se sirven con patatas
Serviette f	serviette f	napkin	tovagliolo m	servilleta f
Sherryessig	vinaigre de xérès	sherry vinegar	aceto di sherry	vinagre de jerez
Sieb n	tamis m	sieve	setaccio m	tamiz m
~ (Teesieb)	passoire f	strainer	colino m	colador m
sieben	tamiser	to sift, to sieve	setacciare	tamizar
Siphon m	siphon m	siphon(-bottle)	sifone m	sifón m
Sirup m	sirop	syrup	sciroppo m	jarabe m, sirope m
Snackbar s. Imbissstube				
so viel man will	à discrétion, à volonté	as much as you like	a volontá	a voluntad, a discreción
Sommelier	sommelier	sommelier, wine butler	sommelier	sumiller, sommelier
Soufflé n	soufflé m	soufflé	soufflé m	soufflé, suflé m

1) or dark chocolate

deutsch	französisch	englisch	italienisch	spanisch
Speck m	lard m	bacon, lard	lardo m	tocino m
~ (durchwachsener)	~ maigre, ~ de poitrine	streaky bacon, lean bacon	pancetta	tocino entreverado
Speisekarte f	carte (des mets) f, menu	menu, bill of fare	lista (delle vivande) f	carta (o lista) de platos
Speisesaal m	salle à manger f	dining room	sala da pranzo f	comedor m
Spezialität f	spécialité f	speciality, special	specialità f	especialidad f
~ des Hauses	~ de la maison	our special dish	piatto della casa	especialidad de la casa
Spieß, vom	à la broche	on the spit, spit-roasted	allo spiedo	al asador
Spießchen n	brochette f	brochette, kebab	spiedino m	brocheta, broqueta
Stammgast m	habitué, client régulier	regular customer, patron	cliente abituale m	cliente habitual
Stärkemehl	fécule f	cornflour, Am. cornstarch	fecola	fécula
Strohhalm m	paille f	straw	cannuccia f	paja f
Stück n	pièce f, morceau m	piece	pezzo m	pieza f, pedazo m, trozo m
pro Stück	la pièce	each	al pezzo	por pieza
Stuhl m	chaise f	chair	sedia f	silla f
stürzen (aus der Form)	démouler	to unmould	sformare	desmoldar
Sülze f	gelée f, aspic m	jelly, aspic	gelatina f, aspic m	gelatina f, aspic m
Suppenschüssel f	soupière f	(soup-)tureen	zuppiera f	sopera f
Suppenteller m	assiette creuse	soup-plate	piatto fondo m	plato sopero, plato hondo
Suppenwürfel	tablette de bouillon	stock cube, bouillon cube	dado (per brodo) m	cubito de caldo[1)]
süß	doux (f douce)	sweet, dessert	dolce	dulce
süß-sauer	à l'aigre-doux	sweet-and-sour	in agrodolce	en agridulce
Süßspeise f	entremets m	sweet, sweetmeat	dolce m	dulce m
Süßwasserfisch	poisson d'eau douce	freshwater fish	pesce d'acqua dolce	pescado de agua dulce
Tablett n	plateau m	tray	vassoio m	bandeja f
Tagesgericht n	plat du jour m	dish of the day, plat du jour	piatto del giorno	plato del día
~ mit Beilagen	plat du jour garni	main course and vegetables	piatto del giorno guarnito	plato del día con guarnición
Tageskarte	carte du jour f	set menu, day's menu	menu del giorno	carta del día

1) o pastilla de caldo

deutsch	französisch	englisch	italienisch	spanisch
Tasse f	tasse f	cup	tazza f	taza f
Teekanne f	théière f	teapot	teiera f	tetera f
Teelöffel m	petite cuiller, cuiller à thé f	teaspoon	cucchiaino m	cucharilla, cucharita f
Teig m	pâte f	pastry, dough	pasta f	masa, pasta f
Teigkruste, in	en croûte, en pâte	in pastry	in crosta	en pasta
Telefon n	téléphone m	telephone	telefono m	teléfono m
Teller m	assiette f	plate, Am. plate or dish	piatto m	plato m
temperiert	à température ambiante	at room temperature	a temperatura ambiente	a temperatura ambiente
Terrine (Pastete ohne Teig)	terrine, pâté en terrine	pâté, terrine	terrina	terrina
tiefgefroren	surgelé	frozen, deep-frozen	surgelato, congelato	congelado
Tiefkühlfach n	freezer	freezer	congelatore, freezer	congelador m
Timbale f (Auflauf)	timbale f	timbale	timballo m	timbal m
Tisch m	table f	table	tavolo m, tavola f	mesa f
~ (besetzter)	~ occupée	occupied table	tavolo occupato	~ ocupada
~ in der Ecke	~ d'angle	corner table	~ d'angolo	~ de rinconera
~ am Fenster	~ près de la fenêtre	table by the window	~ vicino alla finestra	~ cerca de la ventana
~ (freier)	~ libre	free table, vacant table	~ libero	~ libre
~ (reservierter)	~ réservée	reserved table	~ riservato	~ reservada
haben Sie einen Tisch reserviert?	avez-vous réservé une table?	you have a reservation?	avete prenotato un tavolo?	¿han reservado?
Tische auf der Terrasse	tables en terrasse	tables on the terrace	tavoli in terrazza	mesas en la terraza
Tischtuch n	nappe f	table-cloth	tovaglia f	mantel m
Toiletten f	toilettes f, lavabos m (pl)	toilets, lavatory[1]	toilette f, gabinetto m	lavabos, servicios (pl)
Tomatenmark n	concentré de tomates	tomato paste	concentrato di pomodoro	concentrado de tomate
Topf m	marmite f	pot	pentola f	olla f, marmita
Touristenmenü	menu touristique	tourist menu	menu turistico	menú turístico
tranchieren	découper	to carve	trinciare	trinchar
trinken	boire	to drink	bere	beber

1) Am. restroom, ladies' room, men's room

deutsch	französisch	englisch	italienisch	spanisch
Trinkgeld n	pourboire m	tip	mancia f	propina f
~ inbegriffen	pourboire compris	service included	mancia inclusa	servicio incluido
Trinkhalm m	paille f	(drinking-)straw	cannuccia f	paja f
trocken	sec (f sèche)	dry	secco	seco
Trockenpilze	champignons séchés	dried mushrooms	funghi secchi	setas secas
Überbacken	au gratin, gratiné	au gratin, baked	gratinato, al gratin	gratinado, al gratén
überzogen	nappé, arrosé	coated	cosparso	bañado, napado
Untertasse f	soucoupe f	saucer	piattino m	platillo m
Vanilleschote f	gousse de vanille f	vanilla pod, vanilla bean	stecca di vaniglia	vaina de vainilla
vegetarisch	végétarien	vegetarian	vegetariano	vegetariano
verbrannt	brûlé	burnt	bruciato	quemado
verdaulich (leicht ~)	facile à digérer	easily digested, digestible	di facile digestione	de fácil digestión
~ (schwer verdaulich)	indigeste	heavy, indigestible	indigesto	indigesto
Viertel n	quart m	quarter	quarto m	cuarto m
voll	plein	full	pieno	lleno
Vollkornnudeln	pâtes au blé complet[1]	wholemeal noodles	pasta integrale	pasta integral
Vollkornspaghetti	spaghettis au blé complet	wholemeal spaghetti	spaghetti integrali	espaguetis integrales
Vollreis	riz complet, riz brun	brown rice	riso integrale	arroz integral[2]
vormerken	réserver	to reserve, to book	prenotare, riservare	reservar
auf Vormerkung	sur réservation	on reservation	su prenotazione	bajo reserva
vorziehen	préférer	to prefer	preferire	preferir
Wagen m (Servier-)	chariot m	trolley, wagon	carrello m	carrito m
Käsewagen	~ de fromages	cheese trolley	carrello dei formaggi	carrito de quesos
Nachspeisen vom Wagen	~ des desserts	sweets from the trolley	dolci dal carrello	carrito de postres
Vorspeisen vom Wagen	~ des hors-d'œuvre	starters from the trolley	antipasti dal carrello	carrito de entremeses
Wahl, nach	au choix	at choice	a scelta	a elección

1) ou pâtes intégrales - 2) o arroz con cáscara

deutsch	französisch	englisch	italienisch	spanisch
wählen	choisir	to choose, to select	scegliere	escoger
warm	chaud	warm	caldo	caliente
~ stellen	mettre au chaud	to keep warm	mettere in caldo	poner a calentar
Wärmeplatte f	chauffe-plats m	hotplate, chafing-dish	scaldapiatti m	calentador m
Wasserbad s. Bainmarie				
weich	mou (f molle)	soft	molle	blando
Weihnachtsdiner	réveillon de Noël	Christmas Eve dinner	cenone di Natale	cena de Nochebuena
Weihnachtsmenü	menu de Noël	Christmas menu	menu di Natale	menú de Navidad
Weinblätter	feuilles de vigne	vine leaves	foglie di vite	hojas de vid
Weinflaschen-Korb m	panier verseur	wine-cradle	cestino versavino m	cesta para botellas
Weinkarte f	carte des vins f	wine-list	lista dei vini f	carta de vinos f
verlangen Sie die Weinkarte	veuillez consulter notre carte des vins	please ask for the wine-list	chiedete la lista dei vini	pida Vd. la carta de vinos
Weinkellner m	sommelier m	sommelier, wine butler	sommelier	sumiller, sommelier
Weizen m	blé m, froment m	wheat	frumento m, grano m	trigo m
Weizenmehl	farine de froment	wheat flour	farina di frumento	harina de trigo
wild	sauvage	wild	selvatico	silvestre, salvaje
Wildragout n	ragoût, salmis, civet	ragout of game	stufato di selvaggina	estofado de caza
Wildreis	riz sauvage	wild rice	riso selvaggio	arroz salvaje
Wunsch, auf	sur demande	on request	a richiesta	a petición
Wunsch, nach	au choix	at choice	a piacere	a su gusto, al gusto
wünschen	désirer	to wish, to desire	desiderare	desear
wünschen Sie noch etwas?	désirez-vous autre chose?	do you want anything else?	desidera altro?	¿qué más desea Vd.?
was wünschen Sie zum Nachtisch?	que désirez-vous comme dessert?	what would you like for dessert?	che cosa desidera per dessert?	¿qué quiere Vd. de postre?
was wünschen Sie anstatt...?	que désirez-vous à la place de ...?	what will you have instead of ...?	che cosa desidera avere al posto di ...?	¿qué quiere Vd. en lugar de ...?

deutsch	französisch	englisch	italienisch	spanisch
Würze f	assaisonnement m	seasoning	condimento m	condimento m
würzen	assaisonner	to season	condire	condimentar, sazonar
zäh (Fleisch)	coriace	tough	duro, tiglioso	duro
Zahnstocher m	cure-dents m	toothpicks	stuzzicadenti m	palillos, mondadientes m
zerlassen; zerlassen	fondre; fondu	to melt; melted	fondere; fuso	derretir; derretido
zerlegen	découper	to carve	trinciare	trinchar
Zigarette f	cigarette f	cigarette	sigaretta f	cigarrillo m
Zigarre f	cigare m	cigar	sigaro m	puro m, cigarro
Zimmerservice m	service à l'étage	room service	servizio in camera	servicio en habitación
Zitronat n	cédrat confit	candied citron peel	cedro candito	cidra confitada
Zitronenschale f	zeste de citron m	lemon peel, lemon zest	buccia di limone f	cáscara de limón
zu viel	trop	too, too much	troppo	demasiado
zubereiten	préparer	to prepare	preparare	preparar
am Tisch zubereitet	préparé à la table	prepared at guest's table	preparato al tavolo	preparado a la mesa
Zubereitungszeit: ... Minuten	... minutes d'attente	waiting time: ... minutes	... minuti d'attesa	... minutos de espera
Zucker m	sucre m	sugar	zucchero m	azúcar m
~ (brauner)	~ roux	brown sugar	~ di canna	~ moreno
~ (Grieß-)	~ semoule, ~ en poudre	castor sugar	~ semolato	~ granulado
~ (Kandis-)	~ candi	sugar-candy	~ candito	~ cande, ~ candi
~ (Puder-)	~ glace	icing sugar[1)]	~ a velo	~ glas
~ (Rohr-)	~ de canne	cane sugar[2)]	~ di canna	~ de caña
~ (Vanille-)	~ vanillé	vanilla sugar	~ vanigliato	~ vainillado
~ (Würfel-)	~ en morceaux	lump sugar	~ in quadretti	~ en terrones
Zuckerdose f	sucrier m	sugar-bowl, sugar-basin	zuccheriera f	azucarera f
Zuckerguss m	glace, glace royale f	icing, royal icing	glassa, glassa reale	baño de azúcar

1) Am. confectioners' sugar - 2) also demerara sugar

deutsch	französisch	englisch	italienisch	spanisch
zuckern; gezuckert	sucrer; sucré	to sweeten, to sugar; sweetened, sugared	zuccherare; zuccherato	azucarar; azucarado
Zuckersirup s. Melasse				
Zuckerzange f	pinces à sucre	sugar-tongs	mollette per lo zucchero	tenacillas para azúcar f
zudecken	couvrir	to cover	coprire	cubrir
Zündhölzer	allumettes f	matches	fiammiferi m	cerillas f, Am. fósforos m
Zuschlag m	supplément m	additional charge, extra charge	supplemento m	suplemento m
Zutaten f	ingrédients m	ingredients	ingredienti m	ingredientes m

Amphitryon:	ein splendider Gastgeber.
Apfelsine:	von Sineser Apfel (Chinesischer Apfel).
Argenteuil :	Gericht mit Spargeln. (Ort bei Versailles, bekannt wegen seiner Spargelkulturen.)
Arlesisch:	von Arles, französische Stadt im Departement Bouches-du-Rhône.
Aurore:	Gericht mit Tomatensauce oder Tomatenpüree.
Bacchus:	römischer Gott des Weines, der Dionysos der Griechen.
Béarnaise (à la):	Gericht mit Béarner Sauce. (Von Béarn, Grenzlandschaft Frankreichs)
Béchamel (Louis de):	Marquis de Béchamel, Haushofmeister Ludwigs XIV.; von ihm soll die Zubereitung der gleichnamigen Sauce stammen.
Beignet:	vom keltischen bigne (Geschwulst, Anschwellung).
Bellevue, en:	Fisch oder Geflügel in Sülze mit reicher Garnitur.
Bercy:	Vorort von Paris.
Bernhardt (Sarah):	berühmte französische Schauspielerin (1844-1923).
Bigarade:	bittere Orangensorte.
Bismarck (Otto):	Fürst von Bismarck, Herzog von Lauenburg, deutscher Staatsmann (1815-1898).
Bretonisch (à la bretonne):	Gericht mit weißen Bohnen.
Brillat-Savarin (Anthelme):	französischer Gastronom, Verfasser der „Physiologie du goût“ (1755-1826).
Brunch:	spätes, erweitertes Frühstück, das das Mittagessen ersetzt. Vom englischen br(eakfast) und (l)unch.
Brunoise:	Gemüse in kleine Würfel geschnitten.

Brüsseler Art (à la bruxelloise):	Gericht mit Rosenkohl, Chicorée und Schlosskartoffeln.
Burgunder Art (à la bourguignonne):	Gericht in Rotweinsauce, meistens mit Zwiebelchen und Champignons garniert.
Canapés:	kleine (geröstete) Brotscheiben, pikant belegt.
Cantaloupe:	eine Melonensorte, nach der italienischen Ortschaft Cantalupo.
Carême (Marie-Antoine):	berühmter französischer Koch, Verfasser vieler gastronomischer Werke (Le Maître d'hôtel français, Le Cuisinier parisien, usw., 1784-1833).
Cevenole (à la):	Gericht mit Kastanien.
Chantilly:	Gericht mit Schlagsahne. (Stadt bei Paris mit berühmtem Schloss.)
Chateaubriand (François-René):	französischer Schriftsteller und Staatsmann, in St.-Malo geboren (1768-1848).
Chaudfroid:	Fleisch-, Geflügel-, Fisch- oder Wildgericht warm zubereitet, dann kalt in Gelee serviert.
Chop:	englische Bezeichnung für ein Hammel- oder Schweinekotelett.
Civet:	Hasen- oder Wildragout mit Rotwein und dem Blut des betr. Tieres hergestellt.
Clamart:	Gericht mit Erbsen. (Ort bei Paris.)
Colbert (Jean-Baptiste):	französischer Staatsmann, Minister Ludwigs XIV. (1619-1683).
Condé:	salziges Gericht mit Püree aus roten Bohnen. (Seitenlinie des Hauses Bourbon).
Conti:	Gericht mit Linsenpüree. (Seitenlinie des Hauses Bourbon-Condé.)
Cordon bleu:	das „blaue Band“ des Ordens der Ritter vom Heiligen Geist. In übertragenem Sinn: hervorragende(r) Koch oder Köchin.
Cracker:	vom englischen to crack = krachen.

Crapaudine (en):	in Krötenform. (Vom französischen crapaud = Kröte.)
Crécy:	Gericht mit Karotten. (Stadt im französischen Dep. Somme.)
Cumberland:	1) nordwestlichste Grafschaft Englands. - 2) englisches Herzogsgeschlecht.
Currypulver:	scharfes indisches Mischgewürz aus Kurkuma, Kardamom, Safran, Koriander, Ingwer, usw.
Diana (Diane):	römische Göttin der Jagd, der griechischen Artemis entsprechend.
Doria:	Gericht mit gedünsteten Gurken.
Du Barry:	Gericht mit Blumenkohl. (Gräfin, Favoritin Ludwigs XV., während der französischen Revolution guillotiniert; 1743-1793.)
Dubois (Urbain François):	französischer Koch, Verfasser vieler gastronomischer Werke (1818-1901).
Dugléré (Adolphe):	Küchenchef des berühmten Café Anglais in Paris (1805-1884).
Duxelles:	Champignonhaschee, das besonders als Füllung benützt wird.
Elsässisch (à l'alsacienne):	Gericht mit Sauerkraut.
Englisch (à l'anglaise):	das Gemüse in Salzwasser gekocht; die Fische in Eigelb und Semmelbröseln gewendet und in der Pfanne gebraten.
Entremets:	süße Speisen, die nach dem Käse serviert werden.
Esau:	Person aus der Genesis. Verkaufte seine Erstgeborenen-Rechte an den Bruder Jakob für ein Linsengericht.
Escoffier (Auguste):	der berühmteste Koch unserer Zeit, Verfasser eines in alle Sprachen übersetzten „Kochkunstführers“ (1847-1935).

Flämisch (à la flamande):	Gericht mit Kohl. (Von Flandern, einer Provinz Belgiens.)
Fleurons:	ungesüßte Blätterteighalbmonde, die zum Garnieren von Speisen verwendet werden.
Florentinisch (à la florentine):	Gericht mit Blattspinat oder Spinatpüree.
Försterinart (à la forestière):	Gericht mit wilden Pilzen, besonders Pfifferlingen oder Morcheln.
Frühlingsart (à la printanière):	Gericht mit jungem Gemüse. (Vom französischen printemps = Frühling abgeleitet.)
Gärtnerinart (à la jardinière):	Gericht mit verschiedenen Gemüsen.
Gastronom:	Feinschmecker; Kenner und Zubereiter feiner Speisen; Gastwirt mit feiner Küche.
Gastronomie:	Feinschmeckerei; die höhere Koch- und Tafelkunst; Gaststättengewerbe.
Gourmand:	Vielesser, während „Gourmet“ den eigentlichen Feinschmecker bezeichnet.
Grimod de la Reynière:	französischer Gastronom, Verfasser des „Almanach des gourmands“ (1758-1838).
Holstein:	1) ehemaliges Herzogtum in Norddeutschland - 2) Friedrich Holstein, deutscher Staatsmann (1837-1909).
Indisch (à l'indienne):	Gericht mit Curry und Reis.
Joinville:	1) Stadt im französischen Departement Haute-Marne. - 2) François von Orléans, Prinz von Joinville, dritter Sohn des Königs Ludwig Philipp (1818-1900).
Judic:	Gericht mit gedünstetem Kopfsalat. (Anna Judic, französische Schauspielerin; 1850-1911.)
Julienne (en):	Gemüse, Fleisch oder Trüffeln in feine Streifen geschnitten.
Kardinalsart (à la cardinal):	Seefischgericht mit Hummer garniert.
Klöße:	rundgeformte Speise (Knödel) z.B. Fleischklöße. Ohne erläuternden Zusatz: Kartoffelklöße.
Lady Curzon:	Frau des Lord Curzon, Vizekönig von Indien (1859-1925).

Londonderry:	1) Grafschaft in Nordirland. - 2) Charles William Vane, Marquis von Londonderry, englischer Staatsmann (1778-1854).
Lucullus:	römischer Feldherr, berühmt wegen seiner Gastmähler (106-57 v. Chr.).
Lyoner Art (à la lyonnaise):	Gericht mit Zwiebeln. (Von Lyon, Hauptstadt des französischen Dep. Rhône).
Macédoine:	ein Gemisch von kleingeschnittenen Früchten oder Gemüsen. (Landschaft auf dem Balkan, mit Bewohnern verschiedener Rassen.)
Maintenon:	Françoise d'Aubigné, Marquise von Maintenon, morganatisch verehelicht mit König Ludwig XIV. (1635-1719).
Malossol:	feiner, schwach gesalzener Kaviar. (Vom russischen malosolny = wenig gesalzen.)
maltesisch (à la maltaise):	Gericht mit Blutorangen.
Marengo:	Ort in der italienischen Provinz Alessandria (im Piemont), wo Napoleon I. die Österreicher besiegte (14. Juni 1800).
Maryland:	einer der Vereinigten Staaten von Amerika, am Atlantischen Ozean.
Masséna (André):	Herzog von Rivoli, Fürst von Eßling, französischer Marschall (1758-1817).
Matelote:	Ragout von Süßwasserfischen in Rot- oder Weißwein.
Matelote normande:	Ragout von Seefischen.
Melba (Nellie):	eigentlich Helen Mitchell, berühmte Opernsängerin in Melbourne (Australien) geboren; 1861-1931.
Meyerbeer (Giacomo):	deutscher Komponist, in Berlin geboren (1791-1864).
Mirabeau (Honoré-Gabriel):	französischer Staatsmann, der glänzendste Redner der Nationalversammlung (1749-1791).
Mireille:	Oper von Charles Gounod, nach dem provenzalischen Poem von Mistral.

Mirepoix:	eine Saucenwürze, die aus gewürfelten und gerösteten Kartoffeln, Zwiebeln, Würzkräutern und Speck besteht. (Herzog von Mirepoix, Marschall von Frankreich; 1699-1757.)
Montmorency:	salziges oder süßes Gericht mit Kirschen. (Stadt im französischen Departement Seine-et-Oise, bekannt wegen seiner Kirschen.)
Mornay:	Gericht mit Mornaysauce nappiert und überbacken.
Mulligatawny (soup):	mit Curry gewürzte indische Suppe. Von milagu (Pfeffer) und tannir (Wasser).
Nantua:	Gericht mit Flusskrebsen. (Stadt im französischen Departement Ain.)
Natives:	sehr geschätzte Austern englischer Züchtung.
Navarin (jetzt Pylos):	griechische Hafenstadt; hier Sieg der englisch-französischen Flotte über die ägyptisch-türkische (20. Oktober 1827).
Nesselrode:	Gericht mit Kastanienpüree. (Graf von Nesselrode, russischer Diplomat; 1780-1862.)
Newburg:	Stadt im Staate New York (Nordamerika).
Nizzaer Art (à la niçoise):	Gericht mit Tomaten, Knoblauch, Oliven und Sardellen. (Von Nice, französische Stadt am Mittelmeer.)
Normannisch (à la normande):	Gericht mit Meeresfrüchten, Sahne, Butter oder auch mit Apfelwein, Calvados, Äpfeln. (Von Normandie, ehemalige französische Provinz.)
Orlow:	russisches Adelsgeschlecht.
Paillard:	bekanntes Pariser Restaurant.
Parmentier:	Gericht mit Kartoffeln. (Antoine-Augustin Parmentier, französischer Agronom, führte den Kartoffelbau in Frankreich ein; 1737-1813.)
Périgueux:	Hauptstadt des französischen Dep. Dordogne.

Piemontesisch (à la piémontaise):	Gericht mit Polenta oder Risotto, der manchmal mit weißen Trüffeln zubereitet wird. (Von Piemont, Region in Oberitalien.)
Polnisch (à la polonaise):	gekochtes Gemüse mit angerösteten Semmelbröseln bestreut.
Portugiesisch (à la portugaise):	Gericht mit Tomaten.
Prinzessinart (à la princesse):	Gericht mit Spargelspitzen.
Provenzalisch (à la provençale):	Gericht mit Knoblauch, Olivenöl und Tomaten. (Von Provence, alte französische Provinz, am Mittelmeer.)
Pückler-Muskau:	Hermann, Fürst von P.-M., Reiseschriftsteller (1785-1871).
Rachel (Elisa):	französische Schauspielerin (1820-1858).
Ravigote:	vom Zeitwort ravigoter (stärken).
Rippe(n)speer:	gepökelte und geräucherte Schweinerippe, ursprünglich am Spieß (Speer) gebraten. Das -n im Auslaut des ersten Wortgliedes fehlt wie in der Mundart von Kassel, die Heimat.
Rossini:	Gericht mit Gänseleber, Trüffeln und Madeirasauce. (Berühmter italienischer Opernkomponist und großer Feinschmecker; 1792-1868).
Rothschild:	Bankiersfamilie, die von Mayer Anselm, geboren 1743 in Frankfurt a. M., abstammt.
Sachertorte:	vom Besitzer des berühmten Hotels Sacher in Wien, als er noch Koch des Fürsten Metternich war, erfunden (1832).
Saint-Germain:	Gericht mit frischen oder trockenen Erbsen. (Graf von Saint-Germain, französischer Abenteurer, 1784 gestorben).
Saint-honoré:	Pariser Torte (nach dem Namen des Schutzheiligen der Bäcker und Konditoren).

Sandwich (belegtes Brot):	von Earl (Graf) of Sandwich, der angeblich belegte Brote aß, während er 24 Stunden lang Karten spielte.
Sankt Hubertus (Saint-Hubert):	Gericht mit Wildbret. (Schutzheiliger der Jäger.)
Savoury:	englische Bezeichnung für pikantes Gericht, das am Schluss der Mahlzeit verabreicht wird.
Schoppenwein:	„offener Wein“, der in Schoppen (offene Flasche zu 1/4 l) ausgegeben wird.
Sekt:	aus dem französischen vin sec.
Soubise:	Gericht mit Zwiebelpüree. (Charles von Rohan, Fürst von Soubise, Marschall von Frankreich; 1715-1787.)
Straßburger Art (à la strasbourgeoise):	Gericht mit Sauerkraut und Gänseleberscheibe.
Stroganow:	russische Adelsfamilie.
Tabasco:	sehr scharfe Würzsauce aus roten Chilischoten.
Thermidor:	der 11. Monat im französischen Revolutionskalender (20. Juli bis 18. August). Vom griech. thermos (warm) und doron (Geschenk).
Trauttmansdorff:	österreichisches Adelsgeschlecht, dessen Mitglieder bekannte Staatsmänner waren.
Ungarisch (à la hongroise):	Gericht mit Paprikasauce.
Vichy:	Gericht mit Karotten garniert. (Thermalkurort im französischen Departement Allier.)
Villeroi:	Gericht mit Villeroisauce überzogen, paniert und schwimmend ausgebacken. (François de Neufville, Herzog von Villeroi, französischer Marschall; 1644-1730.)
Waldorf(-Astoria):	bekanntes, luxuriöses Hotel in New York, erbaut 1931.

Das Flambieren

Von einem guten Chef de rang erwartet man heute eine gewisse Kenntnis der Zubereitungen auf dem Rechaud. Deshalb besteht ein wachsendes Interesse für die darauf bezüglichen Rezepte.

Die klassischen Kochbücher bringen in dieser Hinsicht beinahe nichts. Nur die Maîtres und ihre Mitarbeiter sind es, die diesen Teil der Kochkunst kennen. Wir wandten uns daher an sie mit der Bitte um Rezepte. Die folgende Zusammenstellung enthält nur eine kleine Auswahl von Speisen, die sich leicht und rasch herstellen lassen. Es besteht natürlich die Möglichkeit, sich in dieser Kunst nach Herzenslust zu betätigen und nach eigenen Einfällen zu schaffen.

Nützliche Tips

Wie bekannt, müssen die Spirituosen für die flambierten Speisen eine hohe Alkoholgradation haben. Wenn daher die zur Verfügung stehende Spirituose zu schwach wäre, so verstärke man sie durch Zusatz von reinem Alkohol oder durch Beimischung hochgradiger Sorten. Manche Maîtres benützen zum Flambieren besondere, von ihnen selbst zubereitete Mischungen.

Um das Aufflammen zu erleichtern, empfiehlt es sich, die Pfanne geneigt zu halten und mit likörgefülltem Löffel die Flamme des Rechauds zu begleiten.

Man umlege die Süßspeisen mit Zuckerwürfeln; diese nehmen den Alkohol auf und dienen als Dochte, welche die Flamme speisen.

Falls wenig Zeit zur Verfügung steht, ist es ratsam, nur Dessertspeisen zuzubereiten: da sie zu Ende der Mahlzeit serviert werden, kann ruhig und ohne Eile gearbeitet werden.

Für die "mise en place":

Salz, Pfeffer, Paprika
Staub-, Grieß- und Würfelzucker
Spirituosen
Tomato-Ketchup, Worcestersauce u.a. Saucen
Geschälte Tomaten
Sahne
Zitronen und Orangen
Kleine Zitronenpresse

Andere Zutaten wie Senf, Curry u.a. je nach den Speisen, die zubereitet werden sollen.

Fische

SEEBARSCH VESUV

Den Fisch im Rücken einschneiden, Gräten entfernen, auf den Grill legen (in der Küche auszuführende Vorbereitungen).

In die Pfanne des Rechauds einige Butterflocken legen, etwas Worcestersauce, Fenchelsamen und Zitronensaft.

Den bereits gegrillten Fisch in die Sauce legen, mit Cognac begießen, anzünden. Sobald die Flamme erlischt, servieren.

FORELLE IN CHABLIS*

In die Pfanne etwas Butter geben; sobald diese zu sieden beginnt, die Forellenfilets einlegen, die man vorher leicht eingemehlt hat.

Wenn die Filets gebräunt sind, herausnehmen. In die zurückgebliebene Sauce kleinwürflig geschnittene Tomaten, etwas Basilikum, Salz und Pfeffer geben.

Die Sauce aufkochen lassen, die Filets wieder dazulegen, mit Chablis begießen.

FORELLE VIER JAHRESZEITEN

Bereitstellen, alles fein zerkleinert: ein halbes Lorbeerblatt, 2-3 Prisen Petersilie, etwas Knoblauch und Zwiebel, ein Blatt Sellerie, Fenchelgrün, Muskatnuss und Pfeffer.

Auf dem Kocher, in einem Fischkessel, in entsprechender Menge Wasser eine schöne Fluss- oder Seeforelle zum Kochen bringen. Bevor sie gar ist, aus dem Wasser nehmen, auf einen Teller legen und zudecken.

In einer (ovalen) Pfanne etwas Butter zerlassen und ein kleines Kännchen Sahne zugießen. Unter fortwährendem Rühren die vorbereiteten Kräuter hinzufügen und salzen.

Die Forelle in die Sauce legen und zugedeckt auf kleiner Flamme fertig schmoren.

Auf sehr heißen Teller legen, Sauce zugießen und mit Salzkartoffeln und Erbsen servieren.

LANGUSTEN BELLE EPOQUE

Eine Schalotte und Petersilie fein zerschneiden und mit Öl und Butter in die Pfanne geben. Bräunen lassen und etwas Tomatensauce und ein Glas Weißwein einrühren.

Dann kleine Langusten (150-200 g), denen man die Schwänzchen entfernt hat, in die Pfanne geben. Salzen und pfeffern und unter häufigem Umrühren auf starker Flamme schmoren.

Sobald fertig, mit Brandy begießen und flambieren. Sofort servieren, mit etwas feingehackter Petersilie oder Kerbel obenauf.

SCAMPI AUF TEUFELSART

In der Pfanne ein Stück Butter zergehen lassen und fein geschnittene Zwiebel dazutun.

* Auf die gleiche Weise werden Seezungenfilets zubereitet; anstelle der Tomate tritt Zitronensaft.

Sobald die Butter braun wird, die vorgekochten und halbierten Scampi hineinlegen. Salzen, pfeffern und mit Curry bestreuen. Leicht anbraten lassen.
Mit Brandy begießen und anzünden.
Servieren mit Petersilie und Zitrone.

FLEISCHGERICHTE

KALBSNIEREN NAPOLEON

In der Pfanne Butter zerlassen, fingerdick geschnittene Nieren einlegen, auf starkem Feuer braten. Mit Cognac begießen und anzünden. Nach Erlöschen der Flamme die Nieren auf einen Teller legen und warm halten.
In den zurückgebliebenen Bratfond einen Löffel fein geschnittene, gebräunte Zwiebel, Bouillon und etwas Worcestersauce hinzutun, kochen lassen, etwas Sahne zugießen.
Die Sauce auf der Flamme eindicken lassen und dann auf die Nieren gießen.

KALBSLEBER AMBASSADEUR

Butter in der Pfanne zerlassen, die Leber in dünnen Schnitten einlegen. Auf starker Flamme braten.
Bevor fertig, mit Cognac begießen und anzünden. Die Schnitten herausheben und auf einem Teller warm stellen.
Zum Saft, der in der Pfanne zurückbleibt, Bouillon und klein geschnittene Zwiebel dazutun, schmoren und zuletzt einen Löffel saure Sahne beimischen, leicht rühren.
Die Leber mit der Sauce übergießen.

KALBSFILET BELLE POMPADOUR

Butter in der Pfanne zerlassen, das Filet hineinlegen, auf lebhaftem Feuer braten. Sobald es auf beiden Seiten Farbe angenommen hat, reichlich mit Cognac begießen und anzünden; dann das Filet herausnehmen und warm stellen.
Zur verbliebenen Sauce Bouillon oder Fleischsaft dazugeben. Schmoren lassen; einen Löffel Sahne beimengen, leicht umrühren bis die Sauce eindickt.
Kurz vor dem Servieren noch eine Prise Curry dazutun, dann die Filetschnitten übergießen.

RINDERFILET VORONOFF

Butter in der Pfanne bräunen, groß geschnittene Stücke Rinderfilet hineinlegen. Wenn sie Farbe angenommen haben, herausheben und auf einem Teller warm halten.
Der Sauce einige Löffelchen Senf (womöglich verschiedener Sorten) beimischen und weitere 2 oder 3 Minuten schmoren lassen.
Das Filet in die Pfanne zurücklegen, den Saft gut einziehen lassen. Mit Cognac begießen und servieren.

RINDERFILET SPLENDID

Auf dem Kocher in einer zugedeckten Kasserolle ein Stück Butter und einen Löffel Olivenöl stark erhitzen, das gesalzene und leicht bemehlte Filet dazutun. Sobald es Farbe angenommen hat, auf einen Teller beiseite stellen.

Nun die Sauce aus folgenden Zutaten bereiten: 1/2 Glas Weißwein; Aroma von Lorbeer, Salbei und Rosmarin; Worcestersauce; etwas Muskatnuss und Pfeffer.

Zuerst den Wein in den Topf gießen, dann alles Übrige dazu, gut rühren. Wenn die Sauce einzudicken beginnt, mit Sahne binden und einige schwarze Oliven dazugeben.

Das Filet in die Kasserolle zurücklegen, verrühren, zugedeckt fertig dünsten. Kosten, nötigenfalls nachsalzen.

Das Filet auf geröstete Brotschnitte legen, mit der Sauce übergießen und mit den Oliven garnieren.

RINDERFILET EN BOÎTE

In die gut erwärmte Kasserolle ein nussgrosses Stück Butter geben und ein wenig Öl. Das Rinderfilet erst dann hineinlegen, wenn der Topf sehr heiß geworden ist, um das Ausrinnen des Fleischsaftes zu verhindern.

Getrennt eine Senfsauce bereiten: aus französischem Senf, etwas Worcestersauce, Muskatnuss, Salz, Pfeffer und einigen Tropfen Öl.

Wenn das Filet gar ist, die Sauce beifügen, das Fleisch umdrehen, mit der Gabel anstechen, damit die Sauce besser eindringt. Zuletzt Cognac dazugeben.

Direkt aus der Kasserolle servieren und diese nahe dem Gast halten, damit er den appetitanregenden Duft genießt.

Zum Filet kann Sauce Bérnaise oder Senf gereicht werden.

KALBSMEDAILLON DOMINIKUS

In die Pfanne mit Butter und Rosmarin ein mit einer Scheibe Schinken bedecktes Kalbsmedaillon legen. Sobald es zu dünsten beginnt, den Rosmarin entfernen, salzen, pfeffern.

Wenn fertig gebraten, mit Cognac begießen. Zuletzt Pilze und saure Rahmsauce beifügen.

TOURNEDOS KATHARINA DIE GROSSE

Eine fertig gesottene Lendenschnitte mit Wodka begießen, anzünden und zugedeckt beiseite stellen.

Eine Sauce bereiten aus Butter, Zwiebel, Petersilie, Salz, Pfeffer, Curry, englischem Senf, Worcestersauce und etwas Bouillon. Sobald die Sauce eingedickt ist, die Lendenschnitte damit übergießen.

SPIESSCHEN MARCO POLO

Kalbsleber und Nieren klein geschnitten auf Spießchen stecken, abwechselnd mit Speckstückchen und Salbeiblättern. Die Spießchen in die Pfanne legen, mit Butter, Salz, Pfeffer und Muskatnuss.

Wenn durchgebraten, mit Whisky begießen, anzünden und brennend servieren.

KÖNIGIN-SPIESSCHEN

Sie werden wie die vorhergehenden zubereitet, doch wird anstatt Leber und Nieren vorgekochtes Hühner- und Kalbfleisch verwendet.

HUHN MEPHISTO

Auf der Wärmeplatte ein fertig gebratenes Huhn, in große Stücke zerlegt, bereithalten.

In der Pfanne ein Stück Butter erwärmen und mit einem Löffel Senf und dem halben Inhalt einer kleinen Dose Gänseleberpastete vermengen. Mit zwei Glas Weißwein verdünnen und mit Pfeffer, Oregano, Cayenne, Curry und anderen Spezereien nach Belieben würzen.

Die Stücke des Huhns in diese Sauce legen, mit Whisky übergießen und anzünden.

Zum Schluss etwas Sahne beigeben und gleich darauf servieren.

FONDUE BOURGUIGNONNE - Fleischfondue

Auf den Kocher den mit Olivenöl gefüllten kupfernen Fonduetopf stellen. Kleinwürfelige (2 cm) Stücke Rinderfilet (ungefähr 150 g pro Person) vorbereiten, ebenso Fonduegabeln.

Der Gast spießt auf die Gabel einen Würfel und hält ihn nach Belieben kurz oder lang im siedenden Öl.

Als Beilage serviert man Mixed Pickles, Zwiebeln, Gurken, Pommes frites und veschiedene Saucen wie Ketchup, Worcestersauce, Mayonnaise, Béarnaise usw.

CHINESISCHES FONDUE

Gleiches Rezept wie Fondue Bourguignonne, jedoch anstatt Olivenöl Hühnerbouillon verwenden.

BACCHUS-FONDUE

Kalbfleisch in kleine Stücke schneiden (150 g pro Person). Einen Liter Weißwein erwärmen (nicht sieden lassen) mit einer ganzen Zwiebel, einem Lorbeerblatt und einer Gewürznelke.

Als Beigabe die Saucen wie für Fondue Bourguignonne.

Süßspeisen

FLAMBIERTE BANANEN

Die Bananen in der Küche wie folgt vorbereiten: der Länge nach halbieren, einmehlen, in geschlagenes Ei tauchen und wiederum in Mehl. In Butter braten und nebeneinander in die Pfanne legen.

Im Speisesaal auf den Kocher stellen, ausgiebig mit Puderzucker bestreuen, mit Kirsch begießen und anzünden.

Den Kirsch bis zum Erlöschen mit einem Löffel über die Bananen verteilen.

FLAMBIERTE BANANEN ELISABETH

In der Pfanne Grießzucker zu lichtgelbem Karamell brennen, einige Flocken Butter dazutun, den Saft einer Orange, ein Glas Grand Marnier (oder anderen ähnlichen Likör nach Belieben).

In diese Tunke die bereits halbierten Bananen legen und 3-4 Minuten schmoren lassen.

Dann mit einem Glas Cognac begießen und anzünden.

FLAMBIERTE PFIRSICHE VENUS

In der Pfanne Butter heiß werden lassen. Wenn sie schaumig ist, jedoch nicht braun, die halbierten oder geviertelten Dosen-Pfirsiche einlegen.

Leicht anbraten lassen, mit einem Glas Likör begießen und anzünden. Bevor der Alkohol ganz ausbrennt, die Flamme durch Aufsetzen des Deckels erlöschen lassen. Die Pfirsiche herausnehmen und warm stellen.

Zur verbliebenen Tunke den Sirup gießen, mit ein wenig Sahne binden und eindicken. Dann diese Sauce über die Pfirsiche gießen und servieren.

BIRNE AUF FEINSCHMECKERART

In die Pfanne halbierte Birnen legen, dazu ein Stück Butter und Zucker. Wenn alles gut heiß ist, Cognac darüber gießen, anzünden und ausbrennen lassen. Die Birnen herausnehmen und auf einen Teller legen.

In die verbliebene Tunke heiße Schokoladensauce gießen, gut vermengen und eventuell ein wenig Cognac zufügen.

Die Birnen dann mit der Sauce begießen und mit Schlagsahne verzieren.

ANANAS HAWAII-PARADIES

In der Pfanne Butter zerlassen, einige Zuckerwürfel, die man vorher an einer Orangenschale gerieben hat, dazugeben. Sobald der Zucker sich löst, die Ananasschnitten (aus der Dose) in die Pfanne legen und beiderseits leicht anbraten.

Mit Rum begießen und anzünden. Ananassirup dazugießen und weitere 3-4 Minuten schmoren lassen. Auf jeden Teller 1 oder 2 Scheiben Ananas servieren, in die Mitte des Ringes eine schöne Pflaume stecken, dann mit der Sauce der Pfanne übergießen.

OMELETTE MIT RUM CORDON BLEU

Die Pfanne auf starke Flamme des Kochers stellen. Die bereits in der Küche vorbereiteten Omeletten hineinlegen, jede zur Hälfte zurückschlagen, ausgiebig mit Zucker bestreuen, mit einem glühenden Eisen eine Verzierung (Streifen, Gitter oder anderes) einbrennen.

Wenn die Pfanne genügend heiß ist, mit Rum übergießen und anzünden. Den Rum bis zum Erlöschen mit einem Löffel über die Omelette verteilen, dann auf warmem Teller servieren.

CRÊPES SUZETTE (I)

In der Küche folgende Creme vorbereiten: Butter, Staubzucker, Curaçao und geriebene Schale einer Orange oder Mandarine.

Im Speisesaal in die Pfanne einen Teil dieser Mischung geben. Sobald sie siedet, die Crêpes, die bereits in der Küche vorbereitet wurden, eine nach der anderen einlegen, dass sie Geschmack bekommen. Dann mit Hilfe von Gabel und Löffel vierfach zusammenfalten und an den Rand der Pfanne legen.

Nochmals mit der Sauce begießen und die Crêpes in die Mitte der Pfanne schieben.

Darüber Orangenlikör (Grand Marnier, Curaçao) oder einen anderen nach Wahl des Gastes gießen. Die Pfanne ein wenig neigen, entzünden. Auf die brennenden Crêpes von hoch oben Grießzucker streuen, der leicht knisternd verbrennt.

Pro Person rechnet man 3 Crêpes.

CRÊPES SUZETTE (II)

Auf der Flamme Grießzucker langsam zu Karamell brennen. Dann einige Flocken Butter und ein wenig Orangensaft unter fortwährendem Rühren dazutun.

Zuletzt Zuckerwürfel einlegen, die man vorher auf Orangenschalen gerieben hat.

Mit Orangen- und Kirschlikör bespritzen und mit einer Gabel zerdrücken. Kochen, bis die Sauce eindickt.

Dann die vorbereiteten Crêpes nacheinander einlegen und wie beim vorhergehenden Rezept vorgehen.

Americano: Aperitif aus gleichen Teilen Bitter und rotem Wermut mit Beimischung von Sodawasser.
Angostura: Bitterer Extrakt aus der Rinde eines Baumes in Venezuela, der bei der Zubereitung einiger Cocktails Verwendung findet.
Apple-jack: Amerikanische Bezeichnung für Apfel-Brandy.
Armagnac: Ein sehr geschätzter Weinbrand, ähnlich dem Cognac, aus der gleichnamigen Region, Departement Gers.
Arrak: Ein dem Rum ähnliches Destillat, aus Reis oder Melasse gewonnen. Aus Java (Batavia-Arrak) und Indien importiert.
Bacardi: Weißer Cubarum.
Bénédictine: Feinster Kräuterlikör, im Benediktinerkloster zu Fécamp, in der Normandie, erzeugt. Die Bezeichnung D.O.M bedeutet: Deo Optimo Maximo.
Bourbon: Amerikanischer Whisky, hauptsächlich Maisdestillat. (Aus Bourbon, County in Kentucky.)
Calvados: Apfeldestillat, im gleichnamigen Departement der Normandie erzeugt.
Cobbler: Cocktail aus Weinbrand und Zuckersirup auf kleingeschlagenem Eis, garniert mit Kirschen, Weintrauben und anderen Früchten der Saison.
Cocktail: Alkoholisches Mischgetränk, als Aperitif serviert, aus verschiedenen Spirituosen bestehend.
Cognac: Feinster französischer Weinbrand, aus der Gegend von Cognac, Hauptort des Departements Charente. Als "fine champagne" wird die erlesenste Sorte bezeichnet.
Cointreau: Berühmter französischer Likör, ähnlich dem Curaçao; kann für Cocktails durch Triple sec ersetzt werden.
Crème: Stark gezuckerter Likör mit niedrigem Alkoholgehalt.
Curaçao: Likör aus der Schale einer bitteren Orangensorte gewonnen, die auf der Antilleninsel Curaçao wächst.
Dash: Englische Bezeichnung für Spritzer.
Dubonnet: Französischer Aperitif.
Fizz: Durststillendes Getränk, aus einem starken Likör, Zucker und Zitronensaft, mit Sodawasser. Der bekannteste ist der Gin-Fizz.
Flip: Aus süßem Dessertwein oder starkem Likör, Zucker und einem Eigelb, im Shaker gemischt.
Gin: (London Gin oder Dry Gin) englischer wasserklarer Wacholderbranntwein.
Grand Marnier: Vorzüglicher französischer Likör aus Cognac und Orangen.
Grenadine: Granatapfelsirup, stark rot.
Kirschwasser: Kirschbranntwein. Bestbekannt der Schweizer und der Schwarzwälder Kirsch.
Longdrink: Alkoholisches Getränk mit Sodawasser verdünnt, das in hohen zylindrischen Gläsern (tumbler) serviert wird.
Orange bitter: Orangenbitter, der zum Aromatisieren von Cocktails verwendet wird.
Pastis: Französischer Aperitif mit Anis.
Pernod: Französischer Aperitif auf der Grundlage von Anis und Wermut, der mit Wasser verdünnt getrunken wird.
Portwein: Süßer, aromatischer Wein aus der Gegend von Oporto (Portugal).
Rum: Branntwein aus Zuckerrohr destilliert. Bestbekannte Sorten: Jamaicarum, mahagonifarbig, und Cubarum, strohgelb.
Sake: Reiswein, japanisches Nationalgetränk, der meist warm getrunken wird.

Sherry: Englische Bezeichnung für Jerez. Spanischer Wein aus der Gegend von Jerez de la Frontera (Andalusien).
Sirup: Zucker in Wasser dick eingekocht. Fruchtsirup: mit Zusatz von Fruchtsäften.
Softdrink: Alkoholfreies Getränk.
Sour: starker, alkoholischer Longdrink mit Zitronen- oder Limettensaft.
Straight whisky: Amerikanische Bezeichnung für Whisky pur.
Tequila: Mexikanisches Nationalgetränk, aus dem Saft einer Agavensorte.
Triple sec: Süßer Likör mit Orangenaroma. Ähnlich dem Curaçao und dem Cointreau.
Tumbler: Zylindrisches Glas, ohne Fuß.
Vermouth: mit Wermutkraut (artemisia absinthium) gewürzter Likörwein, zu deutsch: Wermut.
Whisky: Destillat einiger Getreidearten. Es gibt verschiedene Sorten: der schottische Whisky (Scotch), aus Gerste, mit charakteristischem Rauchgeschmack, ist sehr geschätzt; der amerikanische Whisky aus Roggen (Rye) oder aus Mais (Bourbon); der kanadische (Canadian whisky), leichter als die anderen, wird aus Roggen und Gerste destilliert.
Wodka: Russischer und polnischer Kornbranntwein. Die russische und polnische Bezeichnung bedeutet "Wässerchen".
Zeste: Schale von Zitrusfrüchten.